하나님이 주로 하시는 일

하나님이 주로 하시는 일

초판 1쇄 발행 2024년 12월 25일

지은이 사바나 거스리

옮긴이 김혜경

발행인 이성만

발행처 (주)칼라커뮤니케이션

등록번호 제2007-000306호

주소 서울특별시 강남구 강남대로 320, 1108호(역삼동)

이메일 colorcomuni@gmail.com

편집 최성욱 이의현

마케팅 이재혁 김명진

편집디자인 최건호

ISBN 979-11-988421-8-3 (03230)

값 21,000원

굿트리는 (주)칼라커뮤니케이션의 임프린트 브랜드입니다.

어디서나 그분의 사랑을 찾고 발견하는 여정

하나님이
주로
하시는 일

사바나 거스리 지음 · 김혜경 번역

굿트리

목차

머리말

'전진하라'Forward. 좋은 말이다. 책을 쓰든, 어떤 일을 하든, 신앙에 대해서도 그 단어가 떠오른다. 조금씩… 앞으로 나아간다. 조금은 대담하게, 조금은 뻔뻔하게, 조금은 두려워하며, 많이는 겁내면서.

보통은 머리말을 이렇게 쓰지 않는다. "머리말은 책 시작 부분에 다른 사람이 써주는 거예요." 편집자가 내게 부드럽게 알려주고 그 부분을 삭제한다.

아! 책 머리말은 저자가 쓰지 않아도 되는군! 지금 나 뭐 하고 있는 거야!

흠. 계속 전진해 보자.

내가 기자로서 여러 해 동안 살고 일했던 워싱턴 DC에서는 긴 국회 청문회 막바지나, 순살 닭고기와 달콤한 포도주가 끝없이 나오는 정치 만찬 자리에서, 구식 농담이나 재밌는 말을 들을 때가 있다. 오후가 길어지면서 힘은 빠지고, 길었던 하루가 더 긴 저녁까지 이어져, 잠들려는 도시에서 잠자리에 들 시간이 훨씬 넘어버린다. 그런데도 연설자들이 한 명씩 계속해서 나서고, 별 영감을 주지 않는 연설들이 끝도 없이 이어진다. 나라의 수도에서 연단이나 연설대에서 발언할 기회를 얻은 이들은 누구든 그냥 넘어가지 않는다. 청중들이 따분해하든 적대적으로 변하든 상관없이, 할당된 시간보다 0.001초라도 말을 줄이지 않는다.

이럴 때 흔하게 듣는 말이 있다. 마지막 차례에 발언할 불쌍한 영혼이 마이크 앞에 느긋하게 다가가 자기도 알고 있다는 듯 가식적으로 웃으며 너스레를 떤다. "글쎄요. 무수한 말들이 쏟아졌지만, '모든 사람'이 말한 건 아닙니다." 큰 웃음이 터진다. 사람들은 크게, 크게, 필사적으로 웃는다. 그리고 연설자는 준비된 발언을 시작한다. 단 한 단어도 줄이지 않는다.

책 쓰는 프로젝트를 시작하는 지금, 그 문장이 다시 떠오른다. "신앙에 대해 무수한 말들이 쏟아졌지만, '나'는 말하지 않았습니다." 그러면 나는 무엇을 더할 수 있을까? 아직 표현되지 않은 어떤 말을, 어떻게 더 잘 (더 유창하게, 더 깊이, 더 독창적으로, 더 설득력

있게) 말할 수 있을까? 내가 어떤 자격이나 전문 지식이 있을까? 나는 종교학자나 역사가도 아니고, 고대 언어도 할 줄 모르고, (방학 때 하는 성경학교를 제외하면) 신학교를 다녀본 적도 없다. 나에겐 특별한 능력이 없다.

우리 교회 목사님은 개인적인 이야기나 인생 일화를 말씀하실 때면, 항상 사과하신다. 회중들이 전에 이미 들었다는 걸 아시기 때문이다. "미안합니다!" 겸연쩍게 이어서 말씀하신다. "저는 이 한 인생만 살아봐서요!" 어떤 면에서 내 마음도 그렇다. 나는 이 한 인생만 살았다. 그 삶이 다른 사람들에게 본이 되거나, 큰 의나 믿음의 기념비로 세울 만한 것도 아니다. 그저 하나님의 사랑을 느끼고, 그 사랑에 반복해서 구원받아 살아온 한 사람의 인생에 불과하다.

나는 내가 아는 하나님에 대해 사람들에게 말하기를 좋아한다. 내 마음이 힘들 때, 어깨에 부드럽게 손을 얹으시는, 내 뒤에 그리고 내 옆에 계신 분. 지속해서 따스한 손길로 나를 이끄시고, 관용과 다정함으로 나를 조금씩 변화시키시는 분. 창조의 상상력과 인격적인 아름다운 잠재력으로 놀라움과 기쁨을 주시는 분. 계시로 나의 지성에 불꽃을 일으키시며 열정과 목적에 불을 붙여주신 분. 예상치 못한 호의와 지나치게 후한 은혜로 나를 녹이시는 분. 실망과 좌절의 무게가 짓누를 때 목적 가운데 나를 단단히 붙잡아 주시는 분.

나는 내가 아는
하나님에 대해
사람들에게
말하길 좋아한다.

나는 내가 아는 하나님에 대해 사람들에게 말하길 좋아한다. 그 얘기를 하자면, 그러니까, 밍밍한 닭고기 저녁 만찬 자리의 정치인들처럼, 나도 그 '마이크' 앞에 서는 순간을 그냥 넘어갈 수 없다.

이 책을 구상하기 시작할 때, 이상하게도 어린 시절에 봤던 한 문구가 계속 머리에 떠올랐다. "쉬운 여섯 곡"*Six Easy Pieces*. 피아노 배울 때의 기억이었다. 피아노 의자 속 책과 종이 더미에 있던, 여섯 곡의 클래식 음악이 실려있는 누렇고 낡은 악보 소책자 제목이었다. 너무도 흐릿한 기억이라 제목을 제대로 기억하고 있는지, 그런 책이 정말로 존재했는지 확신할 수 없었다. "쉬운 여섯 곡", 나는 단지 그 제목 발음이 맘에 들었다. 다가가기 쉽고 동시에 흥미로웠다.

인터넷을 검색해 피아노 책의 기억을 확인해 보았다. 하지만 그 후, 이상한 나라의 앨리스처럼 '구글 토끼 굴'로 내려가니 『쉬운 여섯 조각: 가장 뛰어난 교사가 설명하는 물리학의 핵심』*Six Easy Pieces: Essentials of Physics Explained by Its Most Brilliant Teacher*[1]이라는 유명한 책이 튀어나왔다.*

---

* 옮긴이 주: 국내에는 『파인만의 여섯가지 물리 이야기』라는 제목으로 번역서가 출간됨 (이후 '옮긴이 주'는 '*'로 대신함.)

오, 여러분도 몰랐는가? 가장 뛰어난 교사가 설명하는 물리학의 핵심을? 그렇다면 나처럼 과학 분야의 문외한일 가능성이 높다!

그걸 보니 이 생각이 떠올랐다. '그렇다면 신앙의 핵심은 무엇일까? 신앙을 쉬운 여섯 조각으로 나눌 수 있다면, 구성 요소는 무엇일까? 하나님과 연결되는 여섯 가지 기본 요소는 무엇일까?' 내가 생각해 낸 건 다음과 같다.

사랑

함께함

찬양

은혜

소망

목적

내 삶을 돌아보고 일종의 영적 지침들을 모아서 책 쓰는 프로젝트를 위한 로드맵이 바로 이 '쉽지 않은' 여섯 조각이다. 나는 전에 이런 일을 해본 적이 없으며, 책을 읽어나가는 여러분 곁에 나도 함께 있다. 이 책은 우리를 위한 것이다! 여러분은 신앙이 충만하거나, 신앙에 대해 궁금하거나, 과거의 독실한 경험에 상처가 남아 신앙이 없을 수도 있다. 혹은 언론이나 법률 분야의 모험을 담은 이야기꾼의 흥미진진한 회고록을 기대하고 이 책을 사신 분도 계실 것이다(그런 분께는 죄송하다!). 어떻든 간에, 이 여정을 함께 가 보기를 바란다.

· · ·

매일 밤 아이들을 재울 때마다, 우리는 하나의 의식을 치른다. 씻고, 양치하고, 책 읽고, (다투고), 잠자리에 눕는다. 불 끄기 직전 에 남편과 나는 아이들 옆에 누워 기도한다. 그리고 말한다. "30초 센다… 지금부터 시작."

30초간 침묵한다. 우리는 같이 누워 있다. 최상의 경우, 아이 들은 잠에 빠져들고, 나는 살금살금 방에서 빠져나온다. 더 흔히 는, 아이들이 재잘거리기 시작하면("엄마, 내일 뭐 할 거예요?"), 나는 30초 세기를 다시 시작한다.

그러나 이 루틴은 조용하게 그저 함께하는 시간을 갖기 위한 것이다. 30초의 공간. 우리가 이 여정을 함께하며 각 에세이 끝에 서 그 30초의 공간을 가졌으면 한다.

바라기는, 이 책을 침대 머리맡에 두고, 아침 커피와 함께 읽거 나, 밤에 잠자기 전에 읽으면 좋겠다. 그리고… 이 책을 읽지 않는 것도 의미 있다. 각 에세이 뒤에는 빈 페이지가 있다. 반드시 거기에 글을 써야 하는 건 아니다(물론 원하면 써도 된다). 이 페이지를 비워둔 건, 글을 읽고 떠오른 생각들을 품고 앉아 있어 보기를 바라서였다.

비어 있는 공간. 고요함. 아무것도 없음. 하나님이 일하시는 가장 위대한 기회가 바로 그곳에 있다.

(하나님이 하시는 일이 무엇인지 궁금한가? 우리와 연결되는 것이 그분의 일이다.)

또한 이 책을 천천히 읽기를 권한다. 단숨에 다 읽어버리지 말고, 에세이 이편저편을 하나씩 읽어보라. 한 장을 다 읽고 나면, 시간을 보내며 생각해 보고, 또 다른 장을 읽어보기를 바란다. 꼭 처음부터 읽을 필요도 없다. 끝에서 시작하거나, 여기저기 건너뛰어 읽어도 된다. 중간에서 시작해서 처음으로 돌아가도 된다. 올바른 순서란 없다. 에라 모르겠다 싶으면, 책을 바닥에 툭 떨어뜨렸다가 집어서 펼쳐진 페이지부터 읽어도 된다. 일일이 간섭하고 싶은 생각은 없다. 이것은 여러분의 책이다. 여러분이 구입하셨다(감사하다!). 자신의 방식으로 읽으시면 된다. 다만 시간을 두고 천천히 읽어야 가장 의미 있을 것 같다.

머리말은 이제 충분하다. 나를 믿고 이 책을 선택해 주셔서 감사하다. 나는 호기심과 열린 마음만 가지고 간다. 하나님이 나에게 말씀하시는 것, 여러분과 나누라고 하시는 것에 마음을 활짝 열었다. 놀라움과 기쁨을 누릴 준비가 되었다.

하나님은 우리를 실망시키지 않으실 것이다.

전진하자.

1부
사랑

LOVE

1장
모든 사랑을 담아

나는 쉰한 살에 처음으로 문신을 했다. 내가 문신할 거라곤 생각지 못했다. 문신하는 사람이 될 거로 생각해 본 적이 없다. 무엇보다도 삶의 대부분 시간 동안, 내 몸에 영구적으로 새겨넣을 만큼 강렬하게 느꼈던 것이 없었다. 아이를 낳은 후에도(아이는 분명 내가 상상할 수 있는 가장 깊은, 시간을 초월하는 사랑의 대상이지만), 아이 이름 첫 글자를 내 팔이나 발목, 등(또는 목이나 얼굴)에 문신할 생각은 해보지 않았다. 나는 인터넷 쇼핑몰에서 무언가 클릭하여 구매한 후, 거래가 완료되기 전에 급하게 취소하는 유형이다.

하지만 지금 나는 문신이 새겨진 팔과 손으로 컴퓨터 자판을 두드리고 있다. 그 세 단어는 "모든 사랑을 담아"*All My Love*이다. 우리 아버지가 60년 전 어머니에게 구애할 때 쓰신 연애편지에서 따온 아버지의 필체를 그대로 새긴 것이다. 우리 아들이 태어났을 때, 어머니가 그 편지를 발견하셨다. 내 나이 열여섯 살 때 갑자기 돌아가신 아버지의 이름을 따서 우리 아들의 이름을 짓기로 결심 했다. 아버지의 성함은 찰스Charles였지만, 모두가 찰리Charley라고 불 렀다. 찰리의 철자가 "Charley"가 아니라 "Charlie"였나? 살아오면 서 나는 아버지 별명의 철자가 어떻게 되는지 기억할 수 없었다. 수표나 청구서에 쓰인 아버지의 서명은 보았지만, 격식을 차린 서 명으로, "Charles E. Guthrie", 또는 가끔 "Chas. E. Guthrie"라고 쓰셨던 것을 기억한다. 아버지는 중요한 서식엔 별명을 쓰시지 않 았다.

그래서 우리 가족에게 아버지 별명 철자는 뜨거운 논쟁거리가 되었고, 이것은 중요한 문제였다. 우리 집 둘째 아이인 아들이 아 버지의 별명으로 불렸으면 했기 때문이다.

출산 예정일이 다가오는 가운데, 어머니가 증거를 보여주셨다. 벽장 속 깊숙이 숨겨져 있던 상자에서 편지 하나를 찾아내셨다. 어린 우리의 레이다 망에도 걸리지 않고 어머니가 성급하게 청소 하실 때도 버려지지 않고 기적적으로 남아 있는 편지였다. 어머니 가 편지 내용은 보여주지 않으셨지만, 아들이 태어났을 때, 아버지 사진 위에 기록된 아버지의 서명을 보여주셨다. "모든 사랑을 담 아, 찰리"*All My Love, Charley*라고 적혀 있었다.

"모든 사랑을 담아". 이것은 우리 아버지와의 연결고리이자, 내가 살면서 따라야 할 개인 신조이자 일상생활을 위한 사고방식이다. 이것은 중요하게도, 일평생 내가 신앙에 대해 배운 것을 요약하는 말이기도 하다. "모든 사랑을 담아". 이 말을 하늘 아버지께서 하신다고 상상해 보라. "모든 사랑을 담아". 이것은 세상을 위한 하나님의 포부이자 우리를 향한 그분의 의도를 가장 간단하게 직접적으로 묘사하는 말이다.

이것은 자동차 범퍼에 붙이는 스티커나 인스타그램Instagram 댓글과 다를 바 없는 피상적인 구호나, 더 나쁘게는, 전화 통화를 끝낼 때의 가벼운 인사말("이제 가야겠어. 사랑해. 안녕.") 정도의 일회용 문구처럼 보일지도 모른다. 내가 아는 건, 이것이야말로 오랜 시간, 내가 교회 생활과 '교회 없는' 생활, 신앙생활과 신앙이 별로 없던 생활, 하나님을 찾을 때와 실패할 때, 소망을 품다가 넘어지는 삶을 거치면서 이해한 기본 원칙이라는 점이다. '하나님이 주로 하시는 일은 우리를 사랑하시는 것이다!'

나는 처음으로 그 표현을 『메시지』The Message 성경에서 접했다. 유진 피터슨Eugene Peterson이라는 신학자가 다소 대담하게 성경 전체를 일반 영어가 아닌… 더 쉬운 영어로 번역했다. 정확한 속어는 아니지만, 그렇다고 속어가 아닌 것도 아니다. 뭔가 현실적이고, 이해하기 쉽고, 더 와닿는 언어로 옮겼다. 'thees'나 'thous'와 같은 고어가 등장하는 옛 흠정역 성경King James Version, 킹 제임스 성경이나 심지어 현대 번역본도 때로는 멀고 와닿지 않을 때가 있다. 하지만 유진 피터슨은 예수님이 어떻게 말씀하셨을지를 생각할 때, 격식 있고 잘 교육받은 방언이 아니라 당시의 일반적인 대화체, 통속어로 말씀하셨을 거라고 보았다. 유진 피터슨은 성경 전체를 이런 식으로 의역했다. 그 결과는 대단히 흥미롭고, 도발적이며, 때로는 아름답고 훌륭하며, 때로는 실망스럽기도 하다. 나는 수년 동안 『메시지』 성경을 참조하며 묵상을 시작하거나 성경을 새로운 방식으로 보려고 노력했다.

그렇게 해서 에베소서의 유명한 이 구절들을 재구성한 버전을 접했다.

> 그러므로 사랑을 받는 자녀같이 너희는 하나님을 본받는 자가
> 되고 그리스도께서 너희를 사랑하신 것 같이 너희도 사랑 가운
> 데서 행하라
> _에베소서 5:1-2(개역개정 성경)

이 번역도 좋고 멋지며 어렴풋이 힘을 주지만, 어딘가 좀 멀고 닿기 어려운 느낌이 든다. 이 구절들을 교회에서 들었거나 성경 공부할 때 봤을 것이다. 하지만 『메시지』 성경에서 이 구절들을 읽

었을 때의 느낌은 벼락을 맞은 듯이 강렬했다.

> 자녀가 부모에게서 바른 행동을 배우고 익히듯이, 여러분은 하나님께서 하시는 일을 살펴서 그대로 행하십시오. 하나님께서 하시는 일 대부분은 여러분을 사랑하시는 것입니다.
>
> _에베소서 5:1-2『메시지』

쉬운 단어와 꾸밈없는 평범한 말로 진리를 표현하니 말씀의 뜻이 잘 드러난다.

하나님이 어디에 계시며, 무엇을 하고 계실까? 하나님이 주로 하시는 일은 우리를 사랑하시는 것이다.

하나님은 나를 어떻게 생각하실까? 하나님이 주로 하시는 일은 우리를 사랑하시는 것이다.

나는 어떤 직업을 선택해야 할까? 어디에 살아야 할까? 누구와 결혼해야 할까? 그 사람을 용서해야 할까? 내가 용서받을 자격이 있을까? 나는 얕은 사람일까? 이기적일까? 나는 사랑 받을 가치가 없을까? 인생을 내가 스스로 망가뜨렸을까? 내 선택을 하나님은 어떻게 생각하실까? 하나님이 주로 하시는 일은 우리를 사랑하시는 것이다.

> 하나님이
> 주로 하시는
> 일은 우리를
> 사랑하시는
> 것이다.

나는 이 단순한 문장 덕분에 하나님에 대한 개념을 근본적으로 재구성하게 되었다. 이 말씀이 나를 사로잡았고 내 마음을 붙들었다.

우리는 부모님이나 문화, 혹은 가혹하게 자신을 판단하고 비판하는 말들을 한데 모아서, 그것을 무의식적으로 하나님의 속성으로 여기기가 쉽다. 특히 우리가 하나님의 존재에서 멀어질 때 더 그렇다. '하나님'을 우리가 상상컨대, 앉아서 경멸하며 판단하시고 마땅한 벌을 내리려고 기다리고 계시는, 모호하고 무시무시한, 항상 화가 난 아버지의 모습으로 치부할 수 있다.

또는 삶이 너무 고통스러울 때, 상실감이 찾아올 때, 실망이 쌓일 때, 우리가 사는 세상이 불공정하고 부당하며 제멋대로인 것 같을 때, 하나님이 우리를 특별히 의미 있게 사랑하시기는커녕 어떤 일을 하고 계신다는 것조차 믿기가 어렵다.

하나님이 주로 하시는 일은 여러분을 사랑하시는 것이다. 하나님에 대해 이것을 믿는 것이 신앙의 본질이다. 냉소와 절망이 만연한 세상에서 하나님의 말씀을 믿는 것이다. 나는 늘 하나님의 존재를 믿는 건 그리 어렵지 않다고 느꼈다. 숱한 고통 앞에서 하나님이 선하시고 우리의 삶과 세상에 적극적으로 관여하고 계심을 믿는 것이 어려웠다.

하나님은 우리가 경험하는 슬픔이나 우리가 보는 부당함을 무시하거나 얼버무리고 넘어가라고 하시는 게 아니라, 그것들을 넘어서 믿으라고 요구하신다. 하나님이 우리 상황을 면밀하게 아시며, 우리를 향한 하나님의 의도가 선하며, 늘 용서와 화해를 선호하신다는 것을 믿으라. 이 세상의 고통은 그분의 원래 계획이 아니며, 그렇게 이야기가 끝나지 않을 것을 믿으라. 그것이 신앙이다.

나는 어린아이일 때부터 하나님과 관계를 맺어 왔다. 하나님이 내 의식에 존재하지 않았던 때를 기억할 수 없다. 내 어린 시절은 교회 중심이었다. 주일학교와 성가대 연습과 저녁 수요 예배까지 참석했다! 나의 가장 초기 기억 중 하나는, 흰옷을 입은 엄마, 아빠, 십 대인 오빠가 교회 앞쪽에 있다가 큰 자쿠지 같은 욕조에서 목사님께 세례받는 장면을 본 것이다. 우리 가족은 부모님과 나보다 나이 많은 언니, 오빠, 그리고 나, 이렇게 다섯 명이다. 하지만 언니는 하나님이 우리 가족의 '여섯 번째 식구'라고 말하곤 했다.

나는 하나님이 계신다는 걸 늘 믿었다. 그러나 하나님이 변함없이 선하시거나, 또는 적어도 나에 대해 선의를 가지고 계신다는 걸 항상 믿기는 쉽지 않았다. 하나님께 실망하여 그분을 무시하거나, 너무 수치스러워서 하나님을 마주하지 못한 시절도 있었다. 여기서 말하는 시절은 몇 주나 몇 달이 아니라, 몇 년의 세월을 말한다. 몇 년간 나는 이렇게 저렇게 신앙의 명맥만 간신히 유지하며 하나님과의 관계를 별로 신경 쓰지 않았다. 그 시절, 죄책감이 들고 불안하곤 했다. 내가 하나님의 뜻 바깥에서 아슬아슬하게 살고 있는 듯했고, 해야 할 일을 하지 않고 있었으며, 다른 영적인 실천은 고사하고 기도조차 하지 않았다.

깊이 헌신한 때도 있었다. 이십 대 후반과 삼십 대 초반 몇 년간, 열정적으로 성경을 공부했고, 성경을 굶주린 듯 읽어댔으며, 좋아하는 구절들을 작은 노트에 기록하고 암송하기까지 했다. 결실이 풍성한 시기였다. 그러다가 그만두었다. 몇 년간. 정확히 집어낼 수 없는 이유들로. 바쁨과 산만함. 그리고, 맞다. 인생의 일들이 내 마음대로 되지 않자 하나님에 대한 실망과 환멸이 섞인 이유로. 그래서 나는 떠나버렸다.

그러나 성경 구절들은 내 마음에 남아 있었다. 적절한 순간에, 예기치 않게, 신성한 방식으로 떠올랐다. 하나님이 던져주신 구명줄같이 나를 하나님과 다시 연결해 주는 듯했다. 나는 감사했지만 멋쩍었다. 내가 그렇게 무심한데도 하나님이 내 곁에 여전히 계신다는 게 당황스러웠다. 수년간 새로운 것을 배우기 위해 성경을 펼쳐보지도 않은 탓에 죄책감을 느꼈다. 정말로 '연료가 거의 다 떨어졌다'고 스스로 생각했다. 오랫동안 그런 수치심을 품고 있었다.

하지만 더 이상 그렇게 생각하지 않는다. 이제, '하나님이 주로 하시는 일은 우리를 사랑하시는 것'이란 관점에서 이런 상황들을 바라보자. 하나님과 관계가 가까운 시절에, 하나님은 지혜와 말씀으로 나를 채워주셨다. 긴 여정을 위해 공급해 주셨고, 때로 내가 혼자 걷기로 선택한 그 시절을 위해서도 준비해 주셨다. 꾸준히 독실하게 헌신하지 못한 것에 죄책감을 느끼거나, 하나님이 내게 실망하시거나 나를 혐오하시거나 완전히 버리셨다고 상상하기보다, 하나님이 실제로 행하신 일이 그 모든 시간 동안 나에 대한 사랑에서 비롯됐음을 믿으면 어떨까?

이런 관점에서 삶의 사건들을 비추어 보는 것은 강력하다.

하나님이 하시는 일의 대부분은 우리를 사랑하시는 것이다.

이것은 그저 하나님에 관한 내용이 살짝 가미된, 듣기 좋은 관념의 말이 아니다. 이것이야말로 가장 어려운 부분이다. 하지만 우리가 이 말을 진정으로 믿을 수 있다면, 엄

> 하나님이 주로
> 하시는 일은 우리를
> 사랑하시는 것,
> 이것을 믿는 것이
> 신앙의 본질이다.
> 냉소와 절망이
> 만연한 세상에서
> 하나님의 말씀을
> 믿는 것이다.

청난 변화가 일어난다. 그 사랑이 뿌리내리고 우리 내면에 혁명을 일으킨다. 절망을 이기고 승리한다. 모든 상황, 심지어 너무 실망스러운 일까지도 재상상하고 재고할 수 있다. 힘든 일일수록 더욱 그렇다.

상상해 보라. 하나님이 나를 사랑하신다. 하나님이 나를 보시고, 가치 있게 여기시고, 기뻐하신다. 하나님이 나를 아시며, 긍휼을 베푸시고, 치유하시며 용서하신다. 그 사실을 보고, 감사하고, 붙잡고, 꼭 붙들라. 하나님의 선의를 깊이 받아들이고, 그 사랑의 증거에 집중하라. 어디에서나 하나님의 사랑을 찾아보라.

하나님의 사랑을 찾으면, 그 사랑이 나만 위한 게 아님을 알게 된다. 그 사랑은 세상을 위한 것이다. 그 사랑은 결코 담아둘 수 없으며, 흘러나와 밖으로 퍼져나간다.

> 자녀가 부모에게서 바른 행동을 배우고 익히듯이, 여러분은 하나님께서 하시는 일을 살펴서 그대로 행하십시오. 하나님께서 하시는 일 대부분은 여러분을 사랑하시는 것입니다.
> 그분과의 사귐을 지속하고, 사랑의 삶을 익히십시오.
> 그리스도께서 우리를 어떻게 사랑하셨는지 잘 살펴보십시오.

> 그분의 사랑은 인색한 사랑이 아니라 아낌없는 사랑이었습니다. 그분은 우리에게서 무언가를 얻으려고 사랑하신 것이 아니라 자신의 전부를 우리에게 주시기 위해 사랑하셨습니다. 여러분도 그렇게 사랑하십시오.
>
> _에베소서 5:1-2『메시지』

그렇게 사랑하라.

이것이 우리가 받은 위대한 명령이다. 하나님의 사랑을 믿기로 선택하라. 그 사랑 안에 폭 들어가라. 그 사랑의 열기로 자기 내면을 덥히라. 그런 다음, 세상으로 나가라. 그리고 역시, 사랑하며 살아가라.

Blank Place. Quiet. Nothingness.

This is
where God has the greatest opportunity to do his thing.

2장
깜박이는 마우스 커서

'면책 조항'.

TV에 나오는 약 광고, 특히 아무도 들어본 적 없는 희소한 질병을 치료하는, 미래 지향적인 이름의 약 광고를 아는가? "'임차핀 Imchafin'은 만성적인 손목 가려움증을 완화합니다. 말벌에 쏘인 후 눈이 건조하다면 '우플라XYZ OoflaXYZ'를 사용해 보세요." 5초 광고 후에는, 노부부가 손을 잡고 걷거나 필라테스를 하는 중년 여성의 흐릿한 이미지와 함께, 25초간 끔찍한 부작용 목록을 길게 읊조리는 목소리가 나온다.

"'트릭세드린 Trixcedrin'은 졸림, 불면증, 식욕 상실, 청력 상실, 시력 상실, 자동차 키 분실, 흥분, 과민성, 과잉 행동, 우울증, 통풍, 건막류 또는 현기증을 유발할 수 있습니다. 이런 부작용이 발생하는 경우 의사에게 연락하거나, 비어 있는 공간에 대고 소리 지르십시오."

어느 순간, 이들이 왜 이런 면책성 발언을 길게 하나 싶다.

어쨌든, 이제 나의 '면책 조항'을 쓰는 부분이다. 그림 같은 풍경의 산길에서 자전거를 타고 평온히 지나가는 장면을 상상하며 읽어보라.

이 책은 회고록이 아니다. 나는 회고록을 쓰고 싶었던 적이 없다. 전통적인 의미의 회고록 말이다. 내가 회고록을 쓰지 않는 한 가지 이유는 너무 일이 많을 것 같아서다. 다른 이유는, 내 경력에 대해 기억나는 게 그다지 많지 않기 때문이다. 나는 개인 전기 또는 직업 일대기를 쓴다면 책 제목을 "무슨 일이 있었지?"로 하겠다고 농담한 적도 있다. 마침표를 찍은 "이런 일이 있었다."가 아니라, 물음표를 붙여서 "무슨 일이 있었지?"라고 말이다. 그러니까, 정말, 무슨 일이 있었더라? 약간의 노력이나 최면술로, 웃긴 옛날 전쟁 이야기나 뉴스 사건들을 몇 가지 떠올릴 수 있을지 모르지만, 솔직히 그게 무슨 의미가 있을까? 내 이야기는 유명한 다이애나Diana나 케이티Katie*, 또는 오프라Oprah**의 이야기만큼 흥미로울 수는 없을 것이다. 어쨌든 대부분의 기억이 흐릿하다. 좋은 흐릿함이지만, 여전히 희미하다. 나는 아침에 일어나서, 사건 취재하고, 생방송 출연하고, 사건 취재하고, 생방송하고, 생방송하고, 생방송하고, 자고, 씻고 하는 생활을 반복했다.

내 친구 제나 부시 해거Jenna Bush Hager한테 내가 신앙에 관한 책을 쓰고 있다고 말하니 크게 격려해 주었다. 제나는 열렬한 독서광이자 성공적인 작가다. 나는 쓸 말이 없을까 봐, 책을 한 권 채울 만큼의 내용이 없을까 봐 걱정이라고 말했더니, 제나가 격려해 주었다. "쓸 내용은 충분해! 몇 달 전에 네가 열이 나서 침대에서 땀 흘리며 뜨거운 섬광을 경험하고, 한밤중에 일어나 하나님에 대해 큰 깨달음을 얻었을 때처럼! 그런 것에 관해 쓰면 되지!"

"무슨 얘기하는 거야?" 내가 대꾸했다. 아무 기억이 안 난다. 전혀. 아무것도. 생각나지 않는다. 열이 나던 밤, 꿈에서 명백히 얻은 그 '깨달음'의 내용은커녕(친구도 전혀 기억하지 못했지만), 깨달음을 얻었다는 사실조차 기억나지 않는다.

내가 기억하지 못하는 것을 쓸 수는 없다.

그리고 기억은 하지만 이야기하고 싶지 않은 것들도 쓸 수 없다. 이를테면, 나는 이혼에 대해선 쓰고 싶지 않다. 이혼은 내 인

---

* 다이애나와 케이티 둘 다 영국 왕세자비
** 미국 유명 여성 방송인

생에서 가장 힘들고 슬픈 시간 중 하나였다. 이혼 때문에 거의 무너졌다. 나는 서른세 살에 결혼했고, 완벽한 가족의 모습을 간절히 꿈꾸며 기대했다. 돌이켜보니 약간 착각도 하고 고집도 셌던 것 같다. 더 이상 혼자가 아니고 싶었고, 가족을 갖고 싶었다. 동화 같은 결혼을 바랐다. 나는 연애가 늘 잘 풀리지 않았다. 나쁜 선택을 했고, 자존감이 부족했으며… 흠, 이런 건 정말 원래 하려던 이야기가 아니다. 난 시간에 쫓기고 있다고 생각했기에 인내심이 바닥났다. 결혼하지 말았어야 하는 때에 결혼해 버렸다.

앞서 말했듯 이 이야기를 자세히 하진 않겠지만, 결혼은 성공적이지 못했다. 부끄러운 일은 아니지만, 실망스러운 일이긴 하다. 그보다 더 쓰고 싶지 않은 다른 소재들도 있다. 훨씬 어릴 때 일어난, 여러 해 동안 내게 큰 부끄러움과 당혹감을 주었던 좋지 않은 일들이다. 자세히 말하진 않을 것이며, 여러분도 그 최악의 상황에 대해 엉뚱한 상상의 나래를 펼치지 않았으면 한다. 이것을 언급하는 이유는, 신앙에 관한 책에서는 힘들었던 일들을 이야기해야 하기 때문이다. 심각한 위기, 엄청난 역경을 겪는 과정은 신앙의 성패를 결정하는 순간이다. 그것은 믿음을 뒤흔드는 실존적 위협이 될 수도 있고, 탁월한 교사가 될 수도 있다. 때때로 둘 다일 수 있으며, 항상 동시에 그렇지는 않다.

나는 여기에 그런 종류의 감정들에 대해 적는다. 여러분은 내가 무엇을 암시하는지 궁금해할 수 있다. 여러분은 심지어 내가 정말로 역경을 겪기나 했는지 의아해할 수도 있다. 내가 이런 주제를 논할 만한 자격이 있을까? 내 고난의 자격 증명은 무엇인가? 타당한 질문이다. 이 책은 하나님과 연결되는 것에 관한 책이다. 하나님과의 관계는 진공 상태에서 발생하지 않는다. 실제 삶에서, 실제 상황과 사건과 인간 상호작용에서 일어난다. 인생은 때때로, 타는 듯이 뜨거운 길 위를 하나님과 함께 맨발로 걷는 것 같다. 그 길바닥이 왜 뜨거웠는지, 어떻게 하다 그렇게 됐는지, 온도는 어땠는지, 발이 얼마나 심한 화상을 입었는지는 깊이 파고들고 싶지 않다. 그저 하나님이 나를 어떻게 안아주시고 치유하셨는지, 그 경험에서 나는 무엇을 배웠는지를 이야기하고 싶다.

그래도 괜찮은가? 좋다.

Blank Place, Quiet, Nothingness. ♡

This is
where God has the greatest opportunity to do his thing.

3장

보너스 계명

오래된 〈SNL〉* 프로그램 캐릭터인 '스튜어트 스말리Stuart Smalley'를 기억하는가? (혹시 기억나지 않는다면, 구글에 검색해 보길 강력히 추천한다!) 포근한 스웨터에 금발 더벅머리를 한 그는 불안정한 캐릭터로, 거울 앞에서 자신에게 민망한 격려의 말을 내뱉었다. "난 아주 훌륭해. 난 충분히 똑똑해. 빌어먹을, 사람들은 날 좋아한다고!"[1] 난 이 프로그램을 볼 때면 우스우면서도 동시에 괴로웠다. 괴로웠기 때문에 웃겼다.

다른 이유로 나는 이 캐릭터가 항상 불편했다. 나는 자기애와 자존감에 대한 표현을 본능적으로 혐오했다(아마 아직도 그럴지 모른

---

* 'Saturday Night Live'의 줄임말로, 미국의 장수 코미디 TV 프로그램

다?). 자라면서 집에서든 교회에서든, 개인적인 확언*은 절대 금기
사항이었다. 우리는 자랑하지 말고, 자신을 너무 높이 평가하지 말
고, 무엇보다 겸손해야 한다고 교육받았다.

내가 아홉 살인가 열 살 때, 이 주제의 설교를 들었던 게 아직
도 기억난다. 사실 그건 설교가 아니었다. 설교 시작 부분의 일화
였는데, 설교자가 어색한 분위기를 깨거나 요점을 설명하기 위해
하는 재미있는 이야기 중 하나였다. 이 이야기가 청중 가운데 앉아
있던 어린 소녀에게 어떤 영향을 미쳤는지 목사님이 아셨더라면
좋았을 것이다. 목사님은 눈 덮인 산꼭대기에서 스키를 타고 출발
하려는 순간, 주님께 겸손하게 해달라고 기도했다. 은혜로운 기도
의 순간은 잠시, 발이 걸려 넘어지는 바람에 얼어붙은 눈 위를 아
주 괴롭고 아슬아슬하게 데굴데굴 굴러 내려갔다. 이 이야기는 객
석에서 큰 웃음을 자아냈다. "여러분, 기도할 때 조심하세요. 하하
하하!" 하지만 나는 웃지 않았다. 별 악의 없는 이 사소한 이야기는
평생에 깊은 영향을 미쳤다. 내가 얻은 교훈은 이것이었다. "겸손
해야 한다. 그렇지 않으면 하나님이 너를 창피하게 만드신다."

창피함은 내게 큰 위험이었고 사람에게 일어날 수 있는 최악의
일 중 하나였다. 나의 독특한 심리 때문이었던 것 같다. 지금까지

---

* 자신을 긍정적으로 보고 자신하는 태도

도 나는 쉽게 당황하는 편이다. 치아에 립스틱이 묻어있다고 누군가 말해주는 때처럼 대수롭지 않은 일에도(물론, 말해줘서 고맙지만), 몰래 몸서리치며 내가 그 장면에서 잠시 사라졌으면 하고 바란다. 아주 어릴 적, 아버지 때문에 어른들 앞에서 굉장히 창피했던 기억이 있다. 어느 날 오후, 어른들이 탁자 주변에 앉아 대화를 나누고 계실 때, 나는 무심코 엉덩이 옷매무새를 고치면서 지나갔다(엉덩이에 살짝 낀 옷을 당겨 뺐다).

"영화 보러 가니?" 아버지가 물으시자 친구분들이 웃으셨다.

"네? 아니요, 왜요?" 난 아버지께 물었다.

"네 '자리'(=엉덩이)를 챙기길래."*

바보 같고, 진부하고, 악의 없는 아버지의 유머였다. 하지만 그 순간 내가 얼마나 부끄럽고 멍청하게 느꼈는지 절대 잊을 수 없다. 아버지는 상처받기 쉬운 아이를 무안하게 만드는 농담을 하지 말았어야 했다. 그러나 한편으로, 내가 매우 예민한 아이였다. 어디서든 아주 작은 일에도 수치심을 느꼈다.

그래서 늘 겸손하기 위해 극도로 조심했다. 내가 가장 두려워하는, 창피당하는 고통을 겪고 싶지 않았기 때문이다. 우리 문화가

---

* 'seat'이라는 영어 단어가 '자리'라는 의미도 있고 '엉덩이'라는 뜻도 있음

자신을 사랑하고 수용하는 분위기로 급격히 바뀌었지만, 나는 그 변화에 편승하지 않았다. 그렇게 하는 건 제멋대로 굴거나 왠지 죄짓는 것 같고, 미끄러져서 자만하고 자신을 너무 높게 여기기 시작하면, 하나님은 자비를 베푸신다. 그러면 굴욕적으로 스키 경사면을 데굴데굴 굴러 내려오는 사고를 당할 것 같았다.

• • •

"네 이웃을 네 자신과 같이 사랑하라"막12:31. 아주 어릴 적에 배워서 기억하는 성경 구절 중 하나다. 물론 이것은 주일학교의 대표적인 암송 구절이다. 제멋대로인 다섯 살 아이들이 서로 때리지 않도록 (약간 신앙적인 부담을 주어서) 설득하는 방법이다. 그것은 유치원의 오랜 기본 원칙, "남에게 대접을 받고자 하는 대로 너희도 남을 대접하라"는 황금률과도 잘 어울린다.

어린아이였지만, 나는 이 구절의 중간 부분을 이해하려고 애썼다. "네 이웃을… 사랑하라"는 개념은 아주 쉽게 이해할 수 있었다 (실천하는 건 쉽지 않지만, 이해하긴 쉬웠다). 하지만 "네 자신과 같이" 사랑하라고? 나는 그 개념이 당혹스러웠다. 하나님이 더 좋은 예를 사용하실 수 있다고 생각했다. 가령, "네 이웃을 네가 아이스크림을 사랑하듯 사랑하라"는 명령은 어떤가. 나는 전혀 '나 자신을 사랑'하지 않았기 때문이다. 사실, 그렇게 하는 건 잘못이라고 상당히 확신했다.

그런데도 나는 그 오래된 "네 이웃을… 사랑하라"는 구절을 문제없이 받아들였다. 하나님이 정말로 뭔가 다른 걸 말씀하셨을 거로 생각했다. 그런데 하나님은 본질적으로, 우리 자신을 돌보는 만큼 이웃들을 돌보라고 말씀하고 계셨다. 자신에 대해 생각하는 만큼 이웃을 생각하라. 우리 모두 이구동성으로 동의할 수 있는 건, 인간은 끊임없이 자신을 생각한다는 점이다. 그래서 이 계명은 기본적으로, 자신에 대한 집착을 외부로 돌리고, 자신에게 몰두하는 에너지 일부를 다른 이들에게 쓰라는 것이다.

말씀을 이렇게 해석하자, 수년간 삶이 만족스러웠다. 그런데 최근 '헬로우Hallow'라는 앱*에서 오디오 묵상을 들었다. 마크 월버그 Mark Wahlberg** 씨가 〈TODAY Show〉투데이 쇼***에 출연하여 이 앱을 홍보할 때, 구독권을 선물로 받았다. 공짜를 좋아하는 나는 출근길에 그 앱을 사용하기 시작했다.

나는 고대식으로 성경의 일정 부분을 깊이 묵상하는 '렉시오 디비나Lectio Divina'2라는 일일 묵상을 선택했다. 여러 실천 방식이 있지

----

* 가톨릭 명상 앱
* 미국 할리우드 배우
* 미국 NBC 방송국 아침 정보 뉴스 프로그램

만, 기본적으로, 같은 구절을 반복해서 읽고, 본문의 다른 측면을 생각하며 듣고, 그사이에 긴 침묵 시간을 갖는 것이다. 처음 읽을 때는 그냥 듣고, 그 단어들이 스며들게 한다. 두 번째 읽을 땐, 특정한 단어나 구절이 특출하게 보이는지 주의하며 듣는다. 세 번째 읽을 때는 들으면서 묘사되는 장면에 내가 있다고 상상해 본다. 다시 말하지만, 가장 중요한 것은 읽는 회차마다 그사이에 침묵을 지키는 것이다. 여기서 '마법'이 일어난다. 성령님이 감동을 주신다.

아래 구절은 이른 아침, 어두운 출근길에 내가 헬로우 앱에서 들은 그날의 구절이었다.

> [그가 묻되] 모든 계명 중에 첫째가 무엇이니이까? 예수께서 대답하시되 첫째는 이것이니… 네 마음을 다하고 목숨을 다하고 뜻을 다하고 힘을 다하여 주 너의 하나님을 사랑하라 하신 것이요 둘째는 이것이니 네 이웃을 네 자신과 같이 사랑하라 하신 것이라 이보다 더 큰 계명이 없느니라
> _마가복음 12:28-31

'아, 또 아는 구절이군' 하고 생각했다. 내가 선호하는 해석으로 돌아갔다. '자기 자신을 사랑하라는 말은 문자 그대로가 아니야. 그건 단지 우리가 자신에게 하는 만큼 다른 이들에게도 주의를 기울이라는 뜻이지.' 그런데 그때 한 가지 생각이 떠올랐는데, 마치

다른 차원의 전율이 일어나는 듯한 깨달음이었다. 어떤 면에서, 예수님이 언급하신 두 계명 안에 보너스 명령이 숨어있었다. 하나님을 사랑하라. 네 이웃을 사랑하라. 네 자신을 사랑하라.

> 겸손은 우리가 하나님이 필요함을 인정하는 것이다.

나는 제 자리로 돌아왔다. 진정으로 우리가 자신을 사랑하길 하나님이 원하신다고 믿는다. 굴욕감, 수치심, 자기 비하, 자학은 하나님이 우리에게 의도하신 것이 아니다. 그렇다고 자기 과시나 자만을 의도하신 것도 아니다. 나는 여러분을 잘 모르지만, 자신에게 확언을 속삭인다고 해서 진정한 자기애의 감정이 생겨나지 않는다. 그렇게 하는 건 '스튜어트 스몰리 식'으로, 가짜 같고, 때론 애처롭다. 적절한 균형을 유지하는 비결은 바로 하나님, 그분과 함께하는 것이다. 우리에게 하나님에 대한 지식과 하나님의 깊은 사랑에 대한 믿음이 있을 때, 자신을 제대로 사랑할 수 있다.

그렇다. 겸손은 긍정적인 영적 성품이다. 하지만 겸손은 굴욕감이 아니다. 겸손은 자기 스스로 또는 하나님의 손에 강제로 이끌려 내려가는 게 아니다. 겸손은 우리가 하나님이 필요함을 인정하는 것이다. 완전히 혼자 알아서 할 수 있다고 말하는 것과 반대로, 우리의 필요를 인정하면 하나님을 위한 공간이 남는다. 우리를 향한 하나님의 사랑이 그 공간을 채울 수 있고, 그렇게 채우실 것이다. 그 사랑 덕분에, 우리는 자신을 사랑할 수 있다. 하나님이 우리를 보시는 방식으로 자신을 보게 된다. 정말 흔들리지 않는 자신감의 기초는 바로 그것이다.

하나님은 우리를 사랑하시며, 그분의 사랑은 전염성이 강하다. 우리가 그분께 가까이 있으면, 그 사랑을 붙잡지 않을 수 없다.

In a way, a bonus
commandment was
hidden within the two that
Jesus mentioned.
Love the Lord God.
Love your neighbor.
And love yourself.

어떤 면에서,
예수님이 언급하신
두 계명 안에
보너스 명령이 숨어있었다.
하나님을 사랑하라.
네 이웃을 사랑하라.
네 자신을 사랑하라.

Blank Place. Quiet. Nothingness.

This is
where God has the greatest opportunity to do his thing.

4장
엄마처럼

나는 마흔두 살에야 첫 아이를 낳았다. '전문직 여성'이라 바빠서, 혹은 술집을 자유롭게 돌아다닐 수 있는 미혼 생활을 즐기느라, 또는 부모가 되기에 확신이 없어서 그렇게 늦게 아이를 낳은 게 아니다. 내가 만약 선택할 수 있었다면, 아마 이십 대에 결혼해서, 세 명의 아이를 낳고, 고향도 떠나지 않았을 것이다.

때때로 인생은 우리가 원하는 대로 되지 않는다. 어느 순간, 우리는 모두 '다행'이라고 크게 외치곤 한다. 그 일을 하지 않아서 다행이다. 이사하지 않아서 다행이다. 그 집을 사지 않아서 다행이다. 고등학생 때 나한테 딱 맞는 사람이라 확신했던 그 사람과 결혼하지 않아서 다행이다.

그렇긴 해도, 나는 항상 엄마가 되고 싶었다. 솔직히, 나는 엄마가 될 거로 생각했다. 평생의 파트너를 찾는 게 얼마나 어려운 일인지 예상하지 못했다. 나의 이십 대와 삼십 대는 기막히게 안 좋은 연애 선택의 연속이었다. 친구들이 짝을 지어 결혼식장으로 향하는 걸 지켜보면서, 과연 내가 그 자리에 서게 될 날이 올지 궁금했다. 세월은 흐르고, 친구 결혼식을 위한 들러리 드레스들이 쌓여갔다. 왠지 나는 일에서는 항상 잘 풀렸지만, 사생활은 그렇지 못했다. 삼십 대 중반에 결혼했지만 짧게 끝나고 말았다(앞 장에 언급한 '면책 조항'을 참고하라. 이것을 더 논하지는 않겠다!). 서른여섯 살에 이혼한 후, 나는 내가 모든 면에서, 특히 자녀를 낳기에 전성기를 지난 '하자품'이라고 확신했다.

하지만 하나님은 더 나은 계획을 갖고 계셨다.

나는 미래의 남편, 마이클 펠드먼Michael Feldman을 그의 마흔 살 생일 파티에서 만났다. 난 초대받지는 않았지만, 정확히 불청객은 아니었다. 마이클의 친구와 사귀고 있는 내 친구가 날 초대했다. 당시 나는 2008년 대통령 선거 운동을 취재하느라 여러 지역을 고단하게 돌아다녔고, 몇 달 동안 집에는 하룻밤 잠시 들러 짐 가방의 옷만 바꾸고, 주로 밖에서 시간을 보내고 있었다. 한 선거 휴가가 토요일 밤에 있었고, 앤Ann이라는 친구가 나한테 나가서 뭔가 '재미있는' 일을 하라고 강권했다. 그래서 정치계와 매체에서 볼 수 있는 사람들이 가득한 파티에 가게 되었다. 하지만 나에게는 전부 낯선 사람들이었다. 한 사람도 알지 못했다. 늘 신사적인 마이클은 빨간 드레스를 입은 낯선 여성인 내게 다가와 자신을 소개했다. 짙은 파란색 정장에 옅은 파란색 장식 손수건을 꽂은 차림이었다. 그는 75세 아버지가 입혀주신 옷이라며 농담했다. (나는 아직도 그 빨간 드레스를 갖고 있다. 10년 후, 남편의 50세 생일파티 때 그 드레스를 꺼내어 남편을 놀라게 했다.)

남편과 나는 서로 첫눈에 반했다. 우리는 각자 다른 이유로 헌신하기를 두려워했다(어쨌든, 그는 마흔 살의 미혼남이었다!). 하지만 우린 금방 유대감이 생겼다. 서로에 대한 내재적이고 본능적인 존중과 신뢰와 애정이 있었다. 우리는 5년하고도 반년 더 (결혼을 기다리며) 데이트했다. 정말 말도 못 하게 오래 기다렸다! 우리는 오랫동안 망설이고 뭉그적거리며 소중한 시간을 허비하면서 우리 관계에 대해 질리도록 이야기했다. 가족들과 친구들의 불만이 극에 달했다("너네, 시간 낭비하지 말고 어서 결혼해! 아니면 헤어지든가! 인제 그만 좀 끝어!).

2013년 5월, 우리는 45세와 41세라는 '정정한' 나이에 약혼했으며, 내 고향 애리조나 투손에서 3월에 결혼식을 올리기로 했다. 우리는 아이에 대해 여러 번 이야기했고, 그것이 쉽지 않다는 사실에 신경이 쓰였다. 우리는 불임 치료 과정을 밟아야 할지 모른다고,

> 하나님은
> 더 나은 계획을
> 갖고 계셨다.

아마도 보장되지 않은 긴 여정이 될 거라고 예상했다. 그러나 큰 행운이 찾아와(하나님이 주신 복이라 믿는다!) 임신했고, 2014년 8월, 딸을 낳았다.

우리 딸, 베일Vale을 처음 본 그 순간을 결코 잊지 못할 것이다. 의사 선생님이 아이의 작은 몸을 높이 들어 처음 모습을 보여주던 때가 아직도 생생하다. "딸이에요!" 그가 외쳤다. "공주님이 우량아네요!" 아이는 체중 4kg의 순수한 기적이었다. 9개월 전엔 없던 누군가가 어떻게 이렇게 심오한 존재로 바뀔 수 있는지, 황홀함과 충격 그 자체였다. 나는 아이 얼굴을 내 얼굴에 댔다. 딸과 나는 뺨과 뺨을 맞대었다. 깊은 곳에서 잠들어 있다 이 순간을 기다렸다는 듯이 눈물이 왈칵 터져 나왔다. 이 낯설고 사랑스러운 눈물이 늘 이 아이만을 위한 것이었음을 알았다. 2년 후, 내가 마흔다섯 번째 생일을 맞기 몇 주 전에, 나의 꼬마 폭죽 찰리Charley가 세상에 태어났다. 우리 가족이 완성되었다.

아이들은 나에게 가장 큰 기쁨인 동시에 가장 뜨거운 일상의 도전이다. 아이들에 대한 사랑이 삶을 의미 있게 만들었다. 인생에서 희망을 포기한 지 한참 지난 후 부모가 되었기에 나는 그걸 당연하게 여기지 않는다. 아들 찰리가 6주 됐을 때, 두 아이를 고향집으로 데리고 가서 어머니를 뵈었다. 내가 자랄 때 이모 같았던 사촌 테리Teri는 우릴 보러 피닉스에서 차를 몰고 내려왔다. "오, 사바나", 테리는 아이들과 함께 있는 나를 보며 눈물을 글썽이며 말했다. "네가 항상 원했던 거잖니."

엄마가 된다는 것. 얼마나 놀라운 일인지 모른다. 신체적으로, 정서적으로, 지적으로, 그리고 영적으로도. 하나님에 대한 이해를 이보다 더 깊게 해주는 경험이 없다고 생각한다.

나에게 '부모'는 하나님을 가장 실질적으로 나타내는 은유다. 부모가 되어보면, 하나님이 우리와 어떻게 관계 맺으시는지를 가장 밀접하게 이해할 수 있다. 성경에서 하나님을 '하늘에 계신 우리 아버지'라고 부르고, 우리를 그분의 '자녀'라고 부르는 것은 우연이 아니다. 우리를 향한 하나님의 사랑과 가장 비슷한 것이 자녀를 향한 부모의 사랑이다.

내 경험으로 볼 때, 하나님의 계시는 산꼭대기에서 두루마리와 칙령을 내려주시기보다(모세의 경우를 제외하고), 뭔가를 가져와서 직접 보여주며 설명해 주시는 방식에 더 가까운 것 같다. 엄마가 되면서 하나님이 직접 보여주시고 설명해 주셨던 것 같다. 순간마다 하나님이 어떻게 생각하시고 느끼실지를 가장 깊고 개인적인 방식으로 상상할 수 있게 하셨다.

잠시 시간을 내어 곰곰이 생각해 보라. 우리가 아이에 대해 느

> 나에게 '부모'는 하나님을 가장 실질적으로 나타내는 은유다. 부모가 되어보면, 하나님이 우리와 어떻게 관계 맺으시는지를 가장 밀접하게 이해할 수 있다.

끼는 방식이 하나님이 우리에 대해 느끼시는 방식과 같다. 우리가 아이를 얼마나 좋아하는지, 아이가 어떻게 우리 가슴을 기뻐 뛰게 하는지, 우리가 아이의 개성과 재능과 괴팍함을 어떻게 즐기는지, 아이의 성과와 성취가 아무리 사소해도 얼마나 자랑스러워하는지. 아이의 성장을 지켜보는 것은 꽃이 피어나는 모습을 실시간으로 목격하는 것과 같다. 우리는 매일 열고 또 열어볼 수 있는 선물을 받았다.

하나님이 자녀들을 대하시는 모습은 놀랍도록 친밀하고 다정하다. 마치 엄마가 아이를 대하는 것과 같다. 여러분은 어떨지 모르지만, 나는 이것을 거의 받아들일 수가 없다. 하나님이 나에 대해 그렇게 느끼신다는 것은 상상할 수 없을 만큼 너무도 엄청난 일이다. 너무 좋아서 믿어지지 않는다. 하지만 진정 이 사실을 받아들인다면, 엄청난 변화가 일어난다.

• • •

하나님의 위대한 은유는 거기서 끝나지 않는다. 모든 부모는 자녀를 키우는 일이 기쁘지만, 걱정과 두려움과 염려라는 무거운 짐을 지는 과업이라는 것도 안다. 유명한 인용문은 유명한 이유가 있다. "아이를 낳는 것은 매우 중대한 일이다. 심장이 내 몸 밖을 걸어 다니도록 결정하는 일이니까."[1] 첫 아이를 낳은 사촌에게 어떤 느낌이 드냐고 묻자 이렇게 답했다. "마치 가시를 지닌 것 같아. 그 가시를 사랑하지만, 그건 가시인 거지."

아이들은 우리를 걱정시킨다. 어려운 과제를 준다. 그리고 때로는 우리의 한계에 이르도록 좌절시킨다. 특히 우리는 재앙을 피하려 애쓰는데, 아이는 자기 좋은 대로만 한다. 걸음마를 막 배우기 시작한 아이에게 아침 식사로 아이스크림을 먹을 수 없는 이유를 설명하는 것부터 청소년 아이에게 소셜 미디어SNS를 허락하지 않는 이유를 말하는 것까지, 육아란 종종 짜증과 무력감의 연속이다.

아이가 자신에게 유익한 일만 하면 좋으련만! 엄마가 하는 것, 또는 하지 못하게 하는 것이 아이에게 좋은 일이란 걸 아이가 제발 알았으면! 내가 아이를 괴롭히거나 아이의 행복을 막으려는 게 아닌데. 난 우리 아이 편인데!

이제 이 말을 하나님이 우리를 향해 말씀하신다고 상상해 보라. 그러면 자녀를 향한 하나님의 관점을 이해하기 시작한다.

우리는 불완전한 인간으로서 걸려 넘어지고 실패한다. 나쁜 결정을 내린다. 일이 잘못되는데 하나님이 무엇을 하고 계시는지 이해하지 못한다. 우리는 불평하고 반항한다. 뒤로 물러나, 삐치고, 하나님을 철저히 무시한다. 우리는 큰 그림을 볼 수 없다. 긴 안목으로 보지 못하는 아이들처럼("언젠가 네 얼굴에 문신을 못 하게 한 걸 감사하게 될 거야!), 우리는 넓은 시야를 갖고 있지 않다. 우리는 단지 인간일 뿐이다. 과거와 현재와 미래의 사람, 장소, 사건을 고려하시는 하나님의 다차원적인 관점이 우리에게는 없다.

그러나 좋은 부모가 그렇듯, 하나님은 낙담하지 않으신다. 하나님은 인내심을 잃지 않으신다. 격노하지 않으신다. 우리가 어떻게 행동하든, 무엇을 말하든, 무엇을 누릴 자격이 있든 상관없이, 하나님의 사랑과 긍휼, 확고한 약속은 절대로 실패하지 않는다. 그리고 우리가 필연적으로 넘어질 때, 하나님은 언제나 용서를 베푸신다. 우리가 하나님께 돌아가면, 두 팔 벌려 우릴 기다리고 계시는 그분을 뵐 수 있다.

우리 아들, 찰리는 만 네 살 때, 한동안 '엄마에게 못되게 구는' 시기를 보냈다. 여러 유아기 모습처럼, 그 시기는 내가 참을 수 있는 것보다 훨씬 더 오래 지속됐다. "애야, 오늘 친구랑 놀았는데 어땠니?" 나는 아들에게 물었다. "정말 재미있었어요. 엄마는 잊어버렸어요." 아이가 대답했다. "그리고 엄마를 잊어버리고 싶었어요."

(그렇다. 나는 정확한 문장을 적어 두었다.) 나를 싫어하는 꼬마 아들을 키우고 있다는 게 걱정되었다. 소아과 의사 선생님께 전화해서 여쭤보기까지 했다. 의사 선생님은 웃으며 답하셨다. "아, 아이들은 자기랑 제일 가깝다고 느끼는 사람한테 가장 못되게 굴어요!"

유아기 아이들은 작은 과학자들처럼 모든 것을 관찰하고 자료를 수집한다. '이걸 던지면 어떻게 될까? 저기를 누르면 어떻게 될까?' 이번 경우, 아이가 꾹 누르는 '저기'는 내 마음이었다. 머리로는 아이가 자신의 개성을 시험해 보고 있다는 걸 이해할 수 있었다. 나는 아이 앞에서 표정을 감추고 침착한 모습을 유지하려 애썼다. 그런 후 문을 닫고 눈물을 흘리며 울어버렸다. 어린 아들이 내 감정에 상처를 주었기 때문이다. 현실을 직시해 보자. 아이들은 대개 집에서 최악의 모습을 보인다. 집에 걸어들어와 신발을 아무렇게나 벗고, 책가방을 바닥에 제멋대로 던져놓는다. 감정의 응어리를 엄마에게 쏟아낸다.

하지만, 부모가 되면서 배운 것이 있다. 아이와의 관계는 다른 관계와는 다른 특별함이 있다. 아이가 어떻게 하느냐가 중요한 게 아니다. 아이를 향한 부모의 사랑은 흔들리지 않는다.

하나님도 마찬가지시다.

이것이 엄마가 되면서 가장 본능적으로 알게 된 근본 진리다.

우리를 향한 하나님의 감정은 우리가 하나님에 대해 갖는 감정과 아무 상관 없다.

우리를 향한 하나님의 생각은 우리가 하나님에 대해 갖는 생각과 아무 상관 없다.

우리가 어떤 행동이나 말을 한다고 해서 우리를 향한 하나님의 사랑이 더 커지거나 줄어들지 않는다.

하나님이 우리를 사랑하시는 이유는, 우리가 어떤 존재라서 혹은 우리가 어떤 행동을 해서가 아니라, 하나님이 그런 존재이시고 하나님이 그런 일을 하시는 분이기 때문이다.

하나님은 사랑하신다. 엄마처럼. 하지만 훨씬 좋은 엄마처럼.

> 너의 하나님 여호와가 너의 가운데에 계시니
> 그는 구원을 베푸실 전능자이시라
> 그가 너로 말미암아 기쁨을 이기지 못하시며
> 너를 잠잠히 사랑하시며
> 너로 말미암아 즐거이 부르며 기뻐하시리라 하리라
> _스바냐 3:17

God does not
grow impatient.
He does not rage.
His love, compassion,
and unwavering
commitment never fail.

하나님은 인내심을
잃지 않으신다.
격노하지 않으신다.
하나님의 사랑과 긍휼,
확고한 약속은
절대로 실패하지 않는다.

Blank Place, Quiet, Nothingness.

This is
where God has the greatest opportunity to do his thing.

5장

당신은 이 안에 잠겨 있습니다

딸, 베일이 두 살쯤 됐을 때, 어머니가 주신 찬송가 CD를 듣고 있었다. 그렇다. 우리는 2016년에 아직 CD 재생기를 갖고 있었다. 기적이 없다고 말하지 마라! 어머니는 아이가 태어난 지 얼마 안 되어, 교회 음악 앨범을 보내주셨다. 그렇게 하신 의도는 분명했다. 이 아이가 삶 가운데 하나님을 알아가게 만들자는 것이었다.

아이가 아주 어릴 때는 영적인 성장보다 수면 일정, 배변 훈련, 고무젖꼭지 끊기 등이 먼저였지만, 유아기에 든 어느 시점에 다시 그 오래된 CD들을 찾아 들려주었다. 어머니의 우려와 달리, 나는 베일을 데리고 늘 교회에 갔기에 아이는 교회 생활이 그리 낯설지 않았다. 그러던 어느 날, 우리는 음악을 들으며 블록이나 바비 인형을 가지고 놀고 있었다. 당시 우리가 하던 놀이에 집중하고 있었는데, '예수 사랑하심을' 찬양이 흘러나오자 아이의 작은 파란 눈이 밝게 빛났다. "이건 내 노래야!" 하고 아이가 외쳤다.

'예수 사랑하심을 성경에서 배웠네'

이 노래는 내 노래이기도 하다. 그리고 여러분의 노래다.

살면서 하나님의 사랑을 느낀 순간들이 있었다. 따뜻하고, 황홀하기까지 한. 정말 달콤하고 분명하게, 하나님의 영이 나와 함께 하심을 확신할 수 있었다. 어떤 노래를 듣다가, 혹은 석양을 바라보다가, 또는 갑자기 떠오른 한 구절에, 예상치 못하게, 하나님이 찾아오신다. 아무 이유 없이 다가오시기도 한다. 하지만 나는 그분이 하나님이심을 안다. 익숙한 누군가가 방으로 걸어들어오는 걸 느낄 때처럼, 나는 그분을 알아차린다. 내 마음으로 그분께 미소 지으며 말한다. '여기 오셨군요. 당신이 보여요. 감사해요.' 참으로 강렬한 느낌이다.

나의 사랑 안에 거하라
_요한복음 15:9

"나의 사랑 안에 거하라." 이것은 사도 요한이 기록한 예수님의 권고다. 이런 정서의 말씀들이 성경 전체에 나온다. 그러니 우리는 이 말씀에 담긴 예수님의 진심을 알 수 있다. 좋은 생각이다.

나는 이 구절을 보면 항상 1970년대의 옛날 '팜올리브Palmolive'* 광고가 생각난다. 손톱 관리사 매지Madge는 한 젊은 고객의 건조하고 얼룩덜룩한 손을 관리하다 혀를 찬다. 매력적인 젊은 주부 고객이 부끄러워하며 설명한다. "설거지해서 그래요." 매지는 준비한 답을 말한다. "팜올리브를 사용해 보세요. 설거지하는 동안 당신의 손을 부드럽게 해준답니다!"

장면이 바뀌어, 그 주부의 손이 초록색 액체가 담긴 용기에 잠겨 있다. "당신은 이 안에 잠겨 있습니다!"

주부는 화들짝 놀라며 손을 뺀다. 손톱 관리사 매지는 부드럽게 주부의 손가락을 다시 용기에 집어넣는다. 마침내 주부는 수긍하며 초록색 액체에 손을 담근 채 즐긴다.

하나님의 사랑. 여러분은 그 속에 잠겨 있는가? 나는 그렇지 않다.

그렇지 못한 날이 대부분이다. '하나님이 주로 하시는 일은 나를 사랑하시는 것'임을 믿는 것보다 더 어려운 일이 바로 그 믿음을 유지하는 것이다. 사랑받고 있다, 특별하다, 소중하게 여겨진다는 느낌을 유지하는 것은, 어려울 뿐만 아니라 세상의 혼란 앞에서 자기 탐닉처럼 느껴진다. 거리를 걷거나, 식료품 가게를 지나거나,

---

* 주방세제 제품

뉴스를 켜면, 불행과 어려움 가운데 마음의 고통과 힘든 일을 경험하는 사람들과 마주친다. 이 삶에서 고통은 현실이다. 하나님께 복 받은 사람이라고 느끼며 기분 좋게 걸어 다니는 우리는 도대체 누구인가? 고통에 무감각하고, 이기적이며, 은근히 다른 이들에게 모욕을 주는 것 같다.

너무 포괄적인 의미보다 개인적인 의미로 살펴보자. 난관, 실망과 상실을 경험할 때 우리가 사랑받고 있다고 느끼는 것은, 젠장(신앙에 관한 책을 쓰며 비속어를 써도 되나 싶지만), 불가능하다. 일이 잘 풀릴 때, 자신이 하나님께 사랑받고 있다고 느끼면 더할 나위 없이 좋다. 어려움, 갈등, 상처로 고생할 때는 그 감정을 잊어버린다. 하나님께 사랑받고 있다는 감정은 잊고 만다. 하나님이 우리를 반대하시는 느낌이 드는 순간이다. 하나님께 버림받은 기분이 든다.

고난의 때가 있는 한편, 날이면 날마다 단조로운, 이도 저도 아닌 순간들도 많다. 평범하게, 해야 할 일과 하지 말아야 할 일이 24시간 단위로 반복되고, 이 일 저 일이 쌓인 채 여기저기 가다 보면 하루, 일주일, 한 달, 일 년이 그렇게 흘러간다. 물론 하나님이 우리를 사랑하시지만, 솔직히, 누가 그 사랑에 잠길 여유가 있을까? 설거지도 하고, 식사도 준비해야 하고(배달 음식을 주문하기도 하지만), 아이가 친구랑 놀 시간도 조정하고, 직장 생활도 버텨야 하고,

메모도 해야 하고, 줌Zoom 회의도 견디고, 상사 눈치도 보면서 상사를 만족시키거나 달래거나 감동하게 만들어야 한다. 배우자도 신경 써야 하고, 아이들도 방치하면 안 되며, 가족이나 친구들과도 연락하고 대소사를 챙겨야 한다. 이 인생의 과업들은 상시 해야 하는 일이다.

우리는 어떻게 사랑받고 있다는 감정을 불러일으키고 유지할 수 있을까?

아주 간단하다. 우리는 할 수 없다. 왜냐하면 그건 감정이 아니라, 사실이기 때문이다. '하나님의 사랑 안에 거하'는 것은 마음가짐이다. 우리는 마음가짐을 기억하기 위해 두뇌를 사용한다. 하나님께 사랑받고 있다는 감정은 유지하지 못하더라도, 우리가 하나님께 사랑을 받고 있다는 지식 안에는 머물 수 있다. 우리는 하나님께 사랑받았던 기억 속에 거하며, 우리를 향한 하나님의 태도에 아무런 변화가 없다는 사실을 확신할 수 있다.

어떤 면에서, 이건 결혼과 비슷한 것 같다. 누구나 오랜 관계 안에 있어 본 사람이라면, 눈에서 빛이 나는 십 대처럼 영원히 사랑에 빠지지 않는다는 걸 안다(남편, 미안해요!). 결혼은 의지와 자유의지의 행위다. 즉 당신이 매일 그 사람을 사랑하기로, 그 사람도 당신을 사랑하기로 결심하는 것이다. 하나님과의 관계도 딱 그런 관계다.

성경은 우리가 "사랑 가운데서 뿌리가 박히고 터가 굳어"진다고 말한다엡3:17. 이런 식물의 비유는 적절하다. 뉴욕에서 목회하시는 티모시 켈러Timothy Keller 목사님이 결혼 관계를 그런 단어로 말씀하시는 걸 들은 적이 있다. 목사님은 결혼이 마치 정원과 같다고 하셨다. 정원을 가꿔본 적이 있다면, 그 일이 얼마나 손이 많이 가는지 알 것이다. 하루도 빠짐없이 정원 안에 있어야 한다. 날씨가 건조하면, 물을 주어야 한다. 비가 와도 나가서 가지를 치고 잡초를 뽑아야 한다. 매일 정원에서 일하기를 수년이 지나야 정원이 제법 볼 만해지기 시작한다.

우리와 하나님과의 관계도 때때로 그런 것 같다. 우리가 사랑 안에 뿌리내리고 그곳을 본거지로 삼으면, 그 토대에서 꽃을 피운다.

> … 너희가 사랑 가운데서 뿌리가 박히고 터가 굳어져서 능히 모든 성도와 함께 지식에 넘치는 그리스도의 사랑을 알고 그 너비와 길이와 높이와 깊이가 어떠함을 깨달아 하나님의 모든 충만하신 것으로 너희에게 충만하게 하시기를 구하노라
> _에베소서 3:17-19

일상에서 하나님 사랑 안에 머물고, 적극적으로 그분의 사랑을 믿으며, 어디에서든 그 사랑을 찾고, 상황들을 그 빛에 비추어 해석하려는 것은 매일의 선택이다. 하나님의 말씀을 믿으며, 하나님의 선한 의도를 믿어보라. 심지어 고난의 때에도, 스스로 질문을 던져보라. '이 순간, 하나님은 나를 어떻게 사랑하고 계시지?' 하나님이 사랑하신다는 증거를 직접 찾아보고, "온 마음으로 나를 구하면 나를 찾을 것이요 나를 만나리라" 렘29:13라고 하신 하나님 말씀을 기억하라.

우리가 무엇을 맞닥뜨리든, 즉 까다로운 사람이나 충격적인 사건이나 혼란스러운 성경 구절을 만날 때, 표면적인 반응이나 즉각적인 생각이 '하나님이 우리를 사랑하신다'라는 불변의 사실과 일치하지 않는다면, 우리는 계속 찾아야 한다. 더 깊이 들어가야 한다. 하나님이 우리를 사랑하시는 건 너무도 확실하기 때문이다.

• • •

예수님의 열두 제자 중 한 명인 사도 요한에 대해 들어봤을 것이다. 그는 신약 성경의 네 복음서 중 한 권과 여러 다른 책을 저술했다. 사도 요한의 글에는 눈에 띄는 특이한 점이 있다. 예수님의 생애를 기술하면서 특정한 제자를 가리켜 "예수께서 사랑하시는 그 제자"라고 반복해서 언급했다.

> 시몬 베드로와 예수께서 사랑하시던 그 다른 제자에게 달려가서 말하되 사람들이 주님을 무덤에서 가져다가 어디 두었는지 우리가 알지 못하겠다 하니
> _요한복음 20:2

> 예수께서 사랑하시는 그 제자가 베드로에게 이르되 주님이시라 하니
> _요한복음 21:7

> 베드로가 돌이켜 예수께서 사랑하시는 그 제자가 따르는 것을 보니
> _요한복음 21:20

더 많은 구절을 찾을 수 있다. 수년간 학자들과 신학자들은 이 제자의 정체에 대해 대체로 동의해 왔다. 그럼, 요한이 "예수께서 사랑하시는 그 제자"라고 묘사한 이 수수께끼 같은 사람은 누구

였을까? 바로 요한 자신이다. 당연히 그는 자신에 대해 말하고 있었다.

이 표현을 처음 알게 됐을 때, 약간 재미있었다. 그가 자신을 얼마나 높게 생각했으면 이런 찬사를 반복해서 썼을까 감탄했다. '너무 과한 자신감 아니야?' 하지만 그때, 가슴이 뭉클했다.

이것은 "나의 사랑 안에 거하라"가 뜻하는 바의 전형을 보여준다. 요한은 자랑하는 게 아니었다. 과시하는 게 아니었다. 그 사랑을 혼자 독차지하려는 것도 아니었다. 자신이, 예수님이 사랑하시는 유일한 사람이라고 말하지 않았다. 그는 단지 자기 생각에 가장 중요하게 여기는 특성을 있는 그대로 전달했다.

크리스천 작가인 존 파이퍼John Piper 목사님은 이렇게 말씀하셨다. "아마 요한은 '자신의 가장 중요한 정체성이 자기 이름이 아니라, 하나님의 아들이신 예수님께 사랑받는 존재라는 것'을 이렇게 표현했을 겁니다. 그는 이 특권을 다른 누군가에게서 빼앗으려 한 게 아니라, 그저 그 특권을 크게 기뻐하고 있습니다. '난 사랑 받고 있어. 난 사랑 받고 있어. 난 사랑받고 있어. 그게 나야. 난 예수님께 사랑받고 있어.'"[1]

아이가 '예수 사랑하심을'이라는 찬양을 듣고 "그건 내 노래에요"라고 말한다. 한 사도가 메시아를 직접 목격하고서 "난 예수님이 사랑하시는 제자야"라고 말한다. 그런데 이건 우리 모두에게 해당하는 사실이다.

물론, 모두 아주 개인적이다. 여러분이 어느 날 '그분의 사랑 안에 거하'려면 어떤 조치가 효과적일지 나는 알지 못한다. 그러나 우리가 그분의 사랑 안에 거할 수 있다면, 우리 모든 것이 바뀔 것이다. 정말 이것을 믿는다면, 우리는 어떤 존재일까?

> 이 세상이나 지옥의 어떤 권세도 인간의 영 안에
> 살고 계신 하나님의 영을 이길 수 없다.
> 그 영은 내면의 백전불패를 만드신다. [2]
>
> _오스왈드 챔버스Oswald Chambers,
> 『주님은 나의 최고봉』My Utmost for His Highest

사랑의 삼각형

아버지께서 나를 사랑하신 것 같이 나도 너희를 사랑하였으니 나의 사랑 안에 거하라 내가 아버지의 계명을 지켜 그의 사랑 안에 거하는 것 같이 너희도 내 계명을 지키면 내 사랑 안에 거하리라

_요한복음 15:9-10

내가 이것을 너희에게 명함은 너희로 서로 사랑하게 하려 함이라

_요한복음 15:17

그리고,

예수께서 대답하시되 첫째는 이것이니… 네 마음을 다하고 목숨을 다하고 뜻을 다하고 힘을 다하여 주 너의 하나님을 사랑하라 하신 것이요 둘째는 이것이니 네 이웃을 네 자신과 같이 사랑하라 하신 것이라 이보다 더 큰 계명이 없느니라

_마가복음 12:29-31

그림으로 표현하면,

하나님 사랑 안에 거하라

하나님을 사랑하라   서로 사랑하라

Blank Place, Quiet, Nothingness.

This is
where God has the greatest opportunity to do his thing.

2부

함께함

PRESENCE

6장

현재 시제

하나님은 어디에 계실까? 그분이 계시는 정확한 위치는 어디일까?

그분은 지금 계신다.

하나님은 어떤 장소에 계시지 않고, 순간에 계신다.

바로, 이 순간에.

모든 순간에.

영원히.

· · ·

하나님이 모세에게 이르시되 "나는 스스로 있는 자이니라 또 이르시되 너는 이스라엘 자손에게 이같이 이르기를 '스스로 있는 자가 나를 너희에게 보내셨다' 하라."

_출애굽기 3:14

하나님은 줄곧 처음부터 거기에 계신다. 하나님이 자신을 모세에게 알리시며 사용하신 바로 그 이름에 계신다.

스스로 계신 분.

현재 시제.

하나님이 여기 계신다. 지금.

멈추라.

잠시 머물라.

현재에 집중하라.

하나님은 항상 현재 시제로, 지금 소통하신다.

• • •

한번은 어떤 목사님이 '하나님은 항상 끊임없이 방송을 송출하는 라디오 방송국과 같다'고 말씀하시는 걸 들었다. 주파수를 맞추는 건 우리의 선택이다. 볼륨을 높이거나, 배경 소음으로 남겨두는 것도 우리의 선택이다.

하나님은 지금, 여기 계시며, 하나님이 우리에게 말씀하시는 것은 우리가 하나님께 드리는 말씀에 좌우되지 않는다. 우리에 대한 하나님의 생각은 하나님에 대한 우리의 생각에 좌우되지 않는다. 그분은 우리가 불러야지만 오시는 분이 아니다. 우리의 경건한 실천과 부지런한 영적 일상으로 그분을 소환하지 않는다. 우리의 경건 생활은 그분께 채널을 맞추는 데 도움이 된다. 그분의 빛을 비출 창을 열어준다. 그러나 하나님은 우리에게 말씀하고 계신다. 우리가 그분께 집중하든, 집중하지 못하든 상관없이.

하나님을 가까이하라 그리하면 너희를 가까이하시리라
_야고보서 4:8

우리는 과거의 하나님을 기억하고, 자신감을 찾는다.

우리는 미래의 하나님을 상상하고, 소망을 찾는다.

그러나 우리가 '하나님'을 찾을 수 있는 지점은, 바로 '지금'이다.

Blank Place. Quiet. Nothingness.

This is
where God has the greatest opportunity to do his thing.

7장

하나님의 전화번호

오래전 뉴욕으로 처음 이사했을 때, 나는 다닐 교회를 찾기가 어려웠다. 대개, 그렇게 열심히 찾아보지도 않았다. (일요일 아침이면, 예배드리기 좋은 곳보다 술을 곁들인 브런치 가게를 찾기가 훨씬 쉽다.) 하지만, 어떨 때는 동네를 돌아다니면서 교회를 여기저기 가보았는데, 살고 있는 아파트와 가까운지가 중요한 기준이었다. 그러던 중 역사가 오래돼 보이는 교회를 방문했다. 한때는 웅장했지만 오랜 기간 방치된 것 같은 교회였다. 평소 매력적으로 다가오는 교회와는 달랐다. 전통적이고 전례를 따르는 교회였다. '거의 기계적'이었던 것으로 기억한다. 다정하긴 한데 따분했다. 찬송가는 느리고 음울했고, 오르간 소리는 크고 느릿느릿했다. '어휴', 예배가 얼마나 길까 생각하며, 이 특이한 예배당 경험은 '한 번이면 됐다' 싶었다. (사실, 그런 생각을 하다가도, 교회에 재미나 감동을 기대했던 걸 자책하는 마음도 있었다.)

그때 연세 많으신, 가운을 입은 사제 같은 분이 설교하기 위해 단상에 오르셨다. 따뜻하고 친절한 모습이었지만, 강단에서 그는 C. S. 루이스C. S. Lewis*와는 거리가 멀었다. 설교 메시지 내용은 "좋은 하루 보내세요" 정도였던 것 같다. 나는 서서히 집중력을 잃기 시작했다. 그러나 목사님의 열정에 마음이 조금씩 열렸고, 목사님이 회중들에게 던지는 놀랍고 기이한 질문에 주목하지 않을 수 없었다.

"여러분, 하나님의 전화번호를 아십니까?"

듬성듬성 앉아 있는 청중들은 멍한 눈빛과 침묵으로 반응했다. "아무도 모르십니까?" 목사님이 너털웃음을 터뜨리며 말씀하셨다. "그건 예레미야 33장 3절입니다!"

> 너는 내게 부르짖으라 내가 네게 응답하겠고 네가 알지 못하는 크고 은밀한 일을 네게 보이리라
> _예레미야 33:3

---

* 영국 문학 대표 작가, 영문학자, 변증론자

그날, 오래되고 지루한 그 교회에서 내가 배운 첫 번째 교훈은, 하나님과 함께하는 시간에는 낭비가 없다는 점이다. 마음가짐이 올바르면 항상 무언가를 얻을 수 있다. (내 경우, 태도가 그다지 좋지 못했는데도.)

그리고 두 번째 교훈은, '하나님의 전화번호'를 알게 된 것이다. 그저 부르라. 하나님이 응답하신다.

. . .

한가지 짚고 가자. 기도가 어려운 이유는 무수히 많다. 우리는 바쁘다. 우리는 산만하다. 우리는 피곤하다. 우리는 기도의 효과가 있는지 확신하지 못한다. 때로 우리는 효과가 없다고 확신한다.

나는 기도를 잘하지 못한다. 시작은 괜찮지만, 얼마 지나지 않아 이것저것 두서없이 주제를 넘나든다. 그러다가 걱정을 쏟아 놓거나 할 일 목록을 나열하는 식으로 가버린다. 기도로 시작했는데, 속으로 아이 놀이 일정을 정리하거나 픽업 계획을 세우는 것으로 바뀐다.

기도는 참 어렵다. 때로는 우리

한 가지 짚고 가자. 기도가 어려운 이유는 무수히 많다.

감정 상태 때문에 기도가 두렵거나 불가능하다. 화가 나거나 상처를 입거나 쓰라린 감정을 느낄 때, 우리는 기도할 엄두조차 내지 못한다. 어떨 때는 염려와 두려움이 너무 커서 어디서부터 시작해야 할지 모른다. 로마서에 나오는 유명한 성경 구절이 지금 우리에게 다가온다.

> 우리는 마땅히 기도할 바를 알지 못하나 오직 성령이 말할 수
> 없는 탄식으로 우리를 위하여 친히 간구하시느니라
> _로마서 8:26

나는 주로 『메시지』 성경에 나오는 표현을 좋아한다.

> 할 말을 잃어버린 우리의 탄식, 우리의 아픈 신음소리를 기도로
> 만들어 주시기 때문입니다.
> _로마서 8:26(『메시지』)

하나님은 우리가 뱉는 단어조차 필요하지 않으시다. 그저 우리의 한숨, 눈물, 흐느낌만으로 충분하다. 하나님은 아신다. 우리 모든 과거, 복잡한 감정 구조, 모든 내면의 생각을 이미 아시는 분이 있다는 건 엄청난 자원이다. 우리는 아무것도 설명할 필요가 없다. 우리를 위해, 성경에서 '놀라우신 조언자'라고 칭하는 '위대한

치료자'가 계신다사9:6, 새번역성경.

　나의 잡다한 동기, 고통, 이런저런 헛소리도 받아주시고 그것을 기도로 빚어주시는 하나님께 참으로 감사하다. 어떤 면에서 기도의 본질은 하나님 앞에서 우리 감정과 염려를 처리하는 것이다. 우리가 의지적으로 하나님께 돌아가는 것이다. 우리가 연약한 순간, 깊은 어려움에 난감한 순간, 할 수 있는 최선은 단지 그분께 나아가는 것이다. 염려하지 마라. 하나님이 해결하신다.

　유명한 인용문을 다들 들어봤을 것이다. "인생의 성공, 80퍼센트는 그냥 온다."[1] 그런데 기도하면 100퍼센트가 온다. 하나님과 함께하는 조용한 시간을 갖는 것만으로 그 목적이 달성된다.

　그렇다고 우리의 기도가 단숨에 응답 되거나, 눈을 다시 떴을 때 더 나아지거나 달라진다는 뜻은 아니다. 기도는 그저 하기만 하면 성공이다. 곧바로 알든 그렇지 않든, 우리가 하나님과 함께 무언가를 쌓아가고 있기 때문이다. 우리는 즉시 느끼지 못해도, 하나님과 연결된 관계를 만들어가고 있다. 형성된 기초의 깊이를 알아차리는 것

> 하나님은 우리가
> 뱉는 단어조차
> 필요하지 않으시다.
> 그저 우리의 한숨, 눈물,
> 흐느낌만으로 충분하다.
> 하나님은 아신다.

은 훨씬 나중의 일일 수 있다.

우리가 아는 건 이것이다. 기도하는 중에 하나님이 우리를 만나주신다. 너무나 분명하게 하나님이 말씀하셨다. "너는 내게 부르짖으라 내가 네게 응답하겠고." 이것은 확고한 약속이다.

우리가 전화를 걸면, 하나님은 항상 수화기를 드신다.

In a way, prayer,
at its essence,
is simply processing
our feelings and emotions
and concerns in
the presence of God.
It is our intentional
turning to him.

어떤 면에서 기도의 본질은
하나님 앞에서 우리 감정과
염려를 처리하는 것이다.
우리가 의지적으로
하나님께 돌아가는 것이다.

Blank Place, Quiet, Nothingness.

This is
where God has the greatest opportunity to do his thing.

8장
하나님은 우리의 언어로 말씀하신다

문지기는 그를 위하여 문을 열고

양은 그의 음성을 듣나니

그가 자기 양의 이름을 각각 불러 인도하여 내느니라

자기 양을 다 내놓은 후에 앞서 가면

양들이 그의 음성을 아는 고로 따라오되

타인의 음성은 알지 못하는 고로

타인을 따르지 아니하고 도리어 도망하느니라

_요한복음 10:3-5

우린 어떻게 하나님의 음성을 듣고 알 수 있을까? 이것은 신앙에서 가장 중요하고 도전적인 부분 중 하나다. 이에 대해 성경은 자주 쓰는 비유로 설명한다. 하나님은 목자이시고, 우리는 그분의 양이다.

잠시 옆길로 새어 보자. 이 비유에서 인간은 왜 더 인상적인 동물로 비유되지 않았을까? 예를 들어, 멋진 새? 아니면 치타는 어떤가? 양은 그리 위풍당당하지 않다. 그리고 평판이 형편없다. 어리석고, 눈도 멀고, 항상 길을 잃고, 거의 모든 것에 놀란다.

반면, 이 구절에서 양들은 높은 평가를 받고 있다. 양들은 분별력이 있어서, 자기 목자의 음성을 알고 따른다. 이들은 상황판단이 빨라서 사기꾼에게 속지 않는다. 이들은 가짜를 멀리서도 알아보고 지혜롭게 피한다.

양들이 우리와 같은가?

어쩌면 좋은 시대에, 분주하고 정신없이 돌아가는 문화 속에서 살아가는 우리는 하나님의 음성을 듣기가 매우 어렵다. 인터넷은 소란하다. 뉴스도 소란하다. 음악도 소란하다. 우리 아이들도 소란하다. 우리 문제들도 소란하다. 즐길 거리도 소란하다.

그리고 하나님은 "세미한 소리"_{왕상19:12}로 말씀하시는 분으로 묘사된다. 우리가 많은 걸 놓치는 건 어쩌면 당연하다.

• • •

나는 첫 아이를 낳고서 뭔가, 그러니까 많은 것들에 놀랐다. 아이의 미세한 옹알이 소리, 아이의 달콤한 한숨, 장미 꽃봉오리같이 귀여운 입술 등. 아이의 엄청나게 큰 트림 소리는 정말 놀라웠다. 하지만 주제로 돌아가자. 태어난 지 며칠 안 된 아이가 왠지 내 목소리를 알아듣는 것 같았다.

신생아들은 대단히 매력적이다. 하지만 신생아들은 솔직히 별로 하는 일이 없다. 사람들은 생애 첫 달이 실제로는 임신 막달의 연장선에 있다고 말한다. 아기들이 아직 세상에 나올 준비가 안 됐지만 몸집이 너무 커져서 엄마 자궁 속에 있을 수 없어서 나왔다고들 한다. (거의 4.5kg에 달하는 몸무게로 조금 일찍 태어난 우리 아들, 찰리를 임신했을 때 배가 너무 많이 나와서 나보다 내 배가 30초 먼저 방에 들어간다고 직장 동료들이 말할 정도였다.)

그 첫 몇 주 동안, 신생아는 주로 잠자고, 울고, 눈을 거의 뜨지 않는다. 그리고 눈을 뜨더라도 제대로 보지 못한다. 그러나 아기들은 귀로 들을 수 있다. 어렴풋이 달그락대는 세상의 소리 그 이상의 많은 것을 듣는다. 많은 신생아가 태어나자마자 부모 목소리를 알고 인식한다. 우리 딸, 베일이 태어난 첫 몇 주간, 나는 이따금 그런 광경을 목격했다. 이 작은 살덩어리, 태어난 지 며칠 안 된, 눈을 꼭 감고 있던 아기가 익숙한 내 목소리가 방에 들리면, 몸을 살짝 움직이거나, 자세를 바꾸고, 눈을 깜박거리며 반응한다.

핵심을 살펴보자. 어떻게 이 작은 신생아가 세상에 태어난 순간부터 엄마 목소리를 인식할 수 있었을까? 나와 아기는 많은 시간을 함께 보냈기 때문이다. 우리는 친밀하게 연결되어 있었다. 문자 그대로, 불가분한 관계였다. 아이는 내 목소리를 어디서든 알아들었다.

하나님과 우리의 관계도 그렇다. 우리가 하나님 음성을 알아들으려면, 친밀한 연결이 중요하다. 함께 보낸 순간들, 함께하는 시간이 필요하다. 아기가 엄마와 함께하듯, 우리는 하나님과 함께 살아야 한다.

이 비유를 더 확장할 수 있다(좋아, 해보자!). 자신이 정말 잘 아는 사람을 생각해 보라. 배우자, 형제자매, 부모님 등. 우리는 그들의 목소리를 인식할 뿐만 아니라 그들의 어조도 안다. 억양도 안다. 그들이 직접 말로 꺼내지 않아도, 무엇을 말하고 있는지 안다. 예를 들어, 내가 남편에게 묻는다. "오늘 밤에 아이들을 재우고 싶어요?" 나는 실제로 이렇게 말하고 있다. "오늘 밤에 아이들 좀 재워줘요." 사실은 궁금해서 묻는 게 아니다. 남편은 나를 잘 알기에, 내가 무슨 말을 하는지 잘 알아듣는다.

(다행히, 하나님은 소극적 공격형이 아니시다.)

하나님의 음성을 들을 만큼 고요해지려면, 조용한 장소 이상의 것이 필요하다. 우리 영혼 안에 고요함이 필요하다. 하나님께 마음을 열고 귀를 기울여 그분과 함께하는, 하나님을 위한 공간도 만들어야 한다.

그런데 조용히 있기가 어렵다. 고요하기가 어렵다. 고요함은 하나님이 말씀하시기 전에 우리가 넘어야 할 한계나 전제 조건이 아니다. 하지만 고요하면, 하나님이 말씀하실 때 듣기가 훨씬 쉬워진다.

* * *

수년 동안, 내가 하나님의 음성을 경험한 건 아마 한두 번 정도일 것이다. 그런데 쩌렁쩌렁하게 울리는 '하나님 목소리 같은' 하나님의 음성이 아니었다. 내 바깥 어딘가에서 온 듯한, 확실하고, 놀랍게, 불쑥 나타나는 생각이었다.

브로드웨이 여배우인 크리스틴 체노웨스Kristin Chenoweth가 말하길, 자기에게 하나님 음성은 마음에 남는 '손바닥 자국', 즉 내면 깊이 느껴지는 인상과 같다고 했다.[1] 나는 크리스틴의 표현이 맘에 든다.

궁금할 수 있다. '내가 듣는 목소리가 나의 내면의 대화가 아니

란 걸 어떻게 알지? 더 나쁘게는, 나 자신을 스스로 위로하려는 희망적인 생각이 아닐까?'

그 부분에 대한 완벽한 안전장치는 없다. 하지만 경험에 따르면, 하나님의 음성을 들을 때, 나는 주로 하나님이 말씀하시리라 기대하지 않았던 말씀을 듣는다. 나에게 생소한데, 하나님의 본성과 일치하며, 성경 말씀을 상기시키곤 한다. 내가 듣고 싶은 말을 늘 하시진 않는다.

• • •

몇 년 전, 삼십 대 중반이었던 나는 개인적으로 힘든 시간을 보내고 있었다. 나는 날마다 기도했다. 일기를 쓰고, 성경 말씀에서 위안을 찾고, 하나님께 간절히 답을 구했다. 때마다 특정한 마음의 고통에 따라 기도는 다양했지만, 결국 같은 간구였다. '저를 살려주세요. 저를 건져주세요. 저를 도와주세요. 저를 구해주세요.' 나는 이 기도를 매일, 매주, 매달, 매년 했다. 아무것도 바뀌지 않는 것 같았다. 그러던 어느 날, 놀라운 응답을 받았다. 내 의식 속으로 어떤 생각이 혜성처럼 돌진해 와서 부딪혔는데, 너무 어색하고 예상치 못한 것이라 나는 걸음을 멈추었다.

'내가 너를 구하고 있단다.'

이 생각이 나 자신에게서 나온 게 아니라는 걸 알았다. 왜냐하면 내가 좀처럼 느끼거나 믿었던 바가 아니었기 때문이다. 그 순간에 나는 하나님이 구해주고 계신다는 느낌을 받지 못했다. 정반대의 느낌이었다. 버림받고 혼자라고 느꼈다. 하지만 누군가, 아마 하나님이, 정말로 나를 구하고 있다고 말씀하시는 것 같았다.

이 생각이 그 순간 나에게 위로가 되었다고는 할 수 없다. 전혀 그렇지 않았다. 그러나 그 생각을 무시할 수는 없었다. 권위 있고 예기치 않았다는 점 때문에 나는 깊이 음미할 수밖에 없었다. 만약 하나님이 정말 나를 구하고 계신다면? 바로 지금? 이 순간에? 고통 한가운데서? 아무것도 나아지고 있지 않은 듯한 이 어려운 시기에?

이 문장이 뇌리에 박혔다. 당장은 하나님이 내게 말씀하고 계신다는 점에서 위안을 얻었다. 다른 건 몰라도, 하나님이 "내가 여기 있어. 나는 너를 잊지 않아"라고 말씀하셨다. 나중에, 수년의 시간과 거리와 관점을 겪고서, 이를 더 완전히 이해했다. 하나님이 "내가 너를 구하고 있다"고 말씀하신 그 순간, 아마 하나님은 이렇게 말씀하셨던 것이리라.

"이것 봐, 사바나. 이것이 구원이란다.

이 순간, 이 고통, 이 괴로움, 이것이 자유에 이르는 길이란다.

이것이 너를 이끌어 내는 길이란다. 왜냐하면 이를 통해 널 변화시킬 것이기 때문이야.

이것이 내가 너를 구하는 방식이란다."

(스포일러 주의: 하나님은 정말 나를 구해주셨다.)

• • •

> 문지기는 그를 위하여 문을 열고 양은 그의 음성을 듣나니 그가
> 자기 양의 이름을 각각 불러 인도하여 내느니라
> _요한복음 10:3

양 이야기로 돌아가 보자.

나는 성경 구절의 이 부분을 좋아한다. 하나님은 우리 이름을 부르신다. 이 말은, 하나님이 우리가 누군지 아신다는 것 이상의 의미다. 하나님은 우리에게 어떻게 다가오실지 아신다. 하나님은 우리에게 어떻게 말씀하실지 정확히 알고 계신다.

요즘 우리는 '사랑의 언어'에 대해 많이 듣는다. 결혼생활에서 특히, 우리는 배우자가 나와 다른 방식으로 사랑을 받아들인다는 점을 배운다. 내 사랑의 언어는 남편이 나를 위해 아이들을 재워

주는 것일지도 모른다. 남편의 사랑의 언어는 어쩌면… 발 마사지일 수 있다(오, 제발 그건 아니길).

하나님은 우리에게 어떻게 말씀하실지 정확히 알고 계신다.

하나님은 우리 사랑의 언어를 알고 계신다. 자신이 하나님께 감동한 때를 생각해 보라. 어떤 사람을 통해, 상호작용을 통해, 어떤 노래를 통해, 영화의 한 장면을 통해서 감동했을 수 있다. 하나님은 우리가 어떻게 감동하는지 알고 계신다. 하나님은 우리 마음과 연결하는 방법을 알고 계신다. 그리고 우리의 말에 제약받지 않으신다. 때때로 그분은 말이 전혀 필요 없으시다.

몇 년 전, 친구가 어떻게 신앙을 갖게 됐는지에 대해 가장 아름답고 놀라운 이야기를 들려주었다.

그 친구의 이름은 수잔Susan이다. 수잔은 대학원생으로 이십 대를 보냈다. 1년 동안 아일랜드에서 살기로 했다. 수잔은 그 나라의 작은 마을을 찾았고, 연구를 위해 그곳으로 이사했다. 자기 분야의 학문적 연구를 하려면, 현지인들 사이에서 살고 일하면서 그 공동체에 속해야 했다. 어느 날, 한 무리의 초등학생들이 수잔네 집 주방 쪽으로 우르르 몰려와 문을 열고 들어오더니, 왜 교회에 다니지 않느냐고 직설적으로 물었다. "당신은 끔찍한 죄인인 게 틀림없어요." 아이들이 달콤한 아일랜드 억양으로 말했다.

얼마 전, 나는 수잔에게 편지를 써서 그 이야기를 자세히 들려달라고 요청했다. 수잔은 곧바로 답장을 보내주었다.[2]

난 아주 오래전에, 저 멀리 떨어진 곳에서, 인류학 대학원생으로서 다른 문화를 몰입해서 배우기 위해 세계를 여행했어. 여러 곳에서 살았고, 결국 논문 쓰고 싶은 지역을 아일랜드로 정했어. 그래서 외딴 어촌 마을에 살면서 그곳 언어인 게일어를 배웠지.

나는 수동 타자기를 갖고 있었고, 경험을 쌓아가며, 크고 오래된 빈 농가의 부엌에 앉아 석탄 난로 옆에서 바위 절벽 아래 파도가 부딪치는 바다를 바라보며 현장 일지를 기록했어. 어느 날, 아이들이 시끌벅적하게 주방으로 비집고 몰려왔어(문은 전혀 잠겨 있지 않고, 노크도 필요 없었지). 난 아이들이 왜 왔는지 영문을 몰랐고, 기대하는 눈빛으로 그들을 보았어. 한 여자아이가 무리를 대표해 말하도록 친구들에게 떠밀려서 말을 꺼냈어. "우리 엄마가 그러는데요, 당신은 끔찍한 죄인일 거라고 했어요." 나는 충격을 받고 "왜?"라고 물었어. 아이가 말했어. "당신은 교회에 다니지 않으니까요." "뭐라고?" 내가 말했지. "당신은 교회에 발도 들이지 않잖아요." 아이가 말했어.

내가 이 마을 공동체에 잘 섞여 들어가지 못하고 있다는 걸 깨달았어. 인류학 연구의 주요 원칙 중 하나는, 연구대상자인 사람들 및 연구 대상과 진정으로 하나가 되는 거거든. 그래서 나는 좁은 길 끝에 있는 마을 교회에 나타나, 그들에게 섞여 들어가야 한다는 걸 알았어.

나는 십자가를 보면 눈을 돌리도록("그는 '우리의' 구세주가 아니다"… "하…나님은 인간의 모습을 취하지 않으신다." 등을) 배우고 자란 유대인 소녀였기에 쉽지 않은 일이었지. 작은 교회였고, 교회 예배 참석에 대해 기본적인 것도 몰랐기에 쉽지 않았어. 게다가 예배가 게일어로 진행되다 보니 말을 다 알아듣지 못해서 더욱 힘들었어. 내가 배운 게일어는 일상어여서, 펍에서 맥주를 주문하거나 식료품 가게에서 물건을 사는 데 필요한 말 정도였거든. 내가 구사하는 게일어는 진지하고 진심 어렸지만, 매우 제한적이었어.

그래서 나는 여성들로 꽉 찬 교회 의자에 끼어 앉았어. 그 교회는 내가 지금껏 본 교회 중 가장 소박했어. 런던, 파리, 뉴욕, 로마 등 거대한 대성당에 가보긴 했지만, 관광객으로서 갔던 거였지. 그런데 이 작은 교회는 한 공간으로 된 건물이었어. 한 교실로 된 학교 건물처럼, 흰색으로 칠한 벽, 나무로 만든 긴 의자들, 강단 뒤 높이 나 있는 작은 창문 하나, 그 창을 통해 황금빛 햇빛이 들어오는 곳이었어. 그리고 무서운 모습으로 돌아가신 예수님 장식이 되어 있지 않은, 소박한 나무 십자가가 걸려있었어. 나는 그 십자가를 바라볼 수 있었지. 아니, 보고 싶었어. 이 교회의 소박함, 빛의 순수한 아름다움, 마을 집배원, 선생님, 농부 등 내가 아는 사람들과 하나가 되는 느낌이 나를 녹였어. 우리는 모두 하나였고, 한 심장이 함께 뛰고 있었어. 더 큰 선을 위해 하나가 되는 느낌은 내 눈을 뜨게 하고 마음을 열게 했어. 나는 앉아서 들었어. 말을 한마디도 이해하지 못했지. 하지만 그 말소리를 사랑했어….

예배가 진행되면서 나는 마음의 평화와 영혼의 고요함을 느꼈어. 지금껏 한 번도 느껴보지 못한 느낌이었어. 마치 하나님께서 내 안을 따뜻한 손으로 감싸고 계신 것 같았고, 나는 그분을 느낄 수 있었어. 그분을 들을 수 있었어. 모든 인간의 이해를 초월하는 그리스도의 평화를 느낄 수 있었어. 비록 당시에는 말로 표현하지 않았지만. 그래도 난 정말로 그렇게 느꼈어.

내 친구 수잔은 곧바로 믿음을 갖게 되지 않았다. 사실, 친구가 믿음에 이르는 길은 고통스럽고 기나긴 여정이었다. 그러나 그 길은 그곳, 작은 아일랜드 교회에서부터 시작되었다.

나는 이 이야기를 잊지 못한다. 완전히 다른 종교를 가진 젊은 여성이 소박한 교회에 앉아서 자신이 문자 그대로, 알아듣지 못하는 예배 소리를 들으며 하나님을 만난 이야기. 그러나 하나님은 우리의 언어로 말씀하신다.

사실, 하나님은 모든 인간 마음의 특정한 언어로 유창하게 말씀하신다.

그렇다면 여러분에게는 하나님의 음성이 뭐라고 말씀하시는가? 어쨌든, 그건 여러분과 하나님 사이의 일이다.

그러나 예수님이 사랑하신 비유로 돌아가면, 사실 매우 분명하다. 목자는 양을 부른다. 가장 단순한 형태로, 하나님이 항상 부르고 계신다. 그분은 우리 이름을 알고 계신다.

우리가 정말 귀 기울여 듣는다면, 하나님의 목소리를 알 수 있다. 그리고 항상, 그 핵심을 요약하면, 하나님은 한 가지를 말씀하신다. "나와 함께 가자."

Blank Place. Quiet. Nothingness.

This is
where God has the greatest opportunity to do his thing.

9장
하나님 부둥켜안기

나는 다시 '렉시오 디비나Lectio Divina' 앱으로 묵상하고 있다. 낭독자가 성경 본문을 세 번 읽어주는데, 그사이에 긴 침묵 시간을 갖는다. 마지막 낭독 후, 낭독자가 이렇게 말한다. "이제 아무 노력하지 말고 그저 하나님과 함께 쉬세요."

나는 시도해 본다. 정말 그렇게 한다.

'쉬자, 쉬자, 쉬자. 날 봐, 쉬고 있다고. 나는 하나님과 쉬고 있어.'

나는 서둘러 쉬고 하루를 시작해야 한다.

'쉬어, 어서!'

마음이 헤매고 돌아다닌다. 매트에서 저 멀리 기어가는 아기처럼.

시각적인 이미지를 떠올려 보려 한다. 하나님과 함께 쉰다는 건 어떤 걸까? 하나님과 함께 쉬는 모습을 어떻게 상상하지? 쉽지 않다. 마음속에서조차 편안한 곳을 찾을 수가 없다. 잔디밭에 담요를 깔고 누워서 파란 하늘을 바라본다. 내 곁에 하나님을 두고, 하나님도 하늘을 바라보고 계신다고 생각해 본다. 하나님이 내 손을 잡고 계신다면 어떨까?

아니. 그건 아닌 것 같다. 나는 의자에, 그러니까 비스듬히 누울 수 있는 편안한 의자나 소파에 앉아 있고, 하나님도 내 곁에 앉아 계신다. 우리는 어깨를 나란히 하고, 팔은 옆구리 곁에 두고, 서로의 새끼손가락은 살짝 닿는다. 잠시 그렇게 앉아 있는다. 하나님과 나. 어색하다. 서투른 첫 데이트 같다. 마음이 그리 편하지 않고 위안을 얻지 못한다.

'하나님과 함께 쉬자. 그저 하나님과 함께 쉬자.'

나는 쉬고 있지 않다.

우리 딸은 잠이 안 들면, 다른 사람도 못 자게 만든다. 내 눈꺼풀이 무거워지고 있을 때, 딸이 내 방으로 불쑥 들어온다. "엄마, 잠이 안 와요. 좀 도와주세요. 뭘 생각해야 해요?"

'흠, 내가 어떻게 알겠어?' 나는 투덜거리며 혼잣말한다. "무지개로 만든 회전목마 위의 말들을 생각해 봐. 나도 너한테 어떻게 쉬라고 말할지 모르겠다, 얘야. 그냥 가서 자."

지금은 내가 그 아이다. '하나님, 뭘 생각해야 하나요?'

나는 안절부절못하고, 좀이 쑤신다.

쉬는 게 왜 이렇게 어렵지?

• • •

다음 날이다. 시각적인 이미지를 다시 생각해 본다. 나는 침대 위에 옆으로 돌아누워서 무릎을 끌어안고, 팔은 구부리고, 양손을 고개 아래로 기도하듯 모은다. 나는 이렇게 자는 걸 좋아한다. 태아형 자세다. 이제 편안하다. 훨씬 낫다. 몸을 꽁꽁 움츠리고 담요를 어깨까지 둘러 덮는다. 하지만 이 각본에서 하나님은 어디에 계시게 하지? 나는 누군가 내 곁에 바싹 다가와 붙는 걸 좋아하지 않는다. 이 각본은 버리자. 나는 하나님과 부둥켜안고 싶지 않다.

가까워진다는 생각만 해도 마음이 편하지 않다.

그냥 하나님과 함께 쉬자.

부활절 다음 날이다. 오늘의 구절은 부활을 의심하는 제자들에게 예수님이 못 자국 난 손을 증거로 보여주신 내용이다. 회상해 본다. 나는 어렸을 때, 하나님의 손을 잡는 상상을 하곤 했다. 무섭거나 위로가 필요할 때, 눈을 감고, 내 작은 손가락들을 하나님의 따뜻하고 부드럽고 든든한 손이 감싸는 장면을 그렸다.

갑자기, 난데없이, 다른 이미지가 내 의식을 침범한다. 나는 아버지의 손을 기억하고 있다. 특히 손바닥을. 정말 매끈했다. 아버지의 손바닥이 얼마나 평평하고 부드럽고 매끈했는지 잊고 있었다. 손바닥에 주름이 거의 없었나? 주름도 없었고, 운도 없었다. 아빠는 정말 젊은 나이에 돌아가셨던 것 같다. 나는 오랜 세월, 아버지의 손바닥을 생각하지 않았다.

내 마음, 잔잔히.

쉼을 누리자.

∙ ∙ ∙

나는 상상으로도 하나님을 내 곁에 둘 수 없다.

그분을 다 담을 만한 곳이 없기 때문이다.

하늘이 하나님의 영광을 선포하고 궁창이 그의 손으로 하신 일
을 나타내는도다
_시편 19:1

하나님은 산들바람에 계시고, 공기 중에 계신다. 하나님은 내
곁에, 보이지 않게 어디에나 계신다.

하나님은 나의 들숨과 날숨에 계신다.

하나님은 내 귀에, 내가 듣는 데 계신다.

나는 그분을 하나의 음악 소리, 소음 위로 살짝 들리는 하나의
음, 시작도 끝도 없이 달콤하게 머무는 소리로 상상한다.

· · ·

숨쉬기.

들기.

찌릿한 손.

불편함.

내려놓기.

함께하기.

여기 그분이 계신다.

그냥 지금 여기에 있고, 나머지는 하나님께 맡기자.

'하나님께' 나머지를 맡기자.

하나님께 나머지를 '맡기자'.

갑자기, 그분이 보인다.

God is
in my inhale and
my exhale.

하나님은
나의 들숨과
날숨에 계신다.

Blank Place. Quiet. Nothingness. ♡

This is
where God has the greatest opportunity to do his thing.

10장
기도할 수 없을 때
기도하기

매일 밤, 남편과 나는 아이들을 위해 기도해 주고 재운다. 보통, 각자 한 명씩 맡는다. 남편이 한 아이를 맡으면, 내가 다른 아이를 맡는다. 중간에 교대하여, 아이들이 함께 쓰는 욕실에서 서로 마주치며 하이파이브를 한다. 나머지 아이를 위해 기도해 주고 하루를 마무리한다. (하이파이브까지 하는 건 농담이다!)

우리의 기도는 진심이지만, 이제는 조금 기계적으로 한다.

사랑의 하나님, 오늘 하루도 지켜주서서 감사합니다. 엄마, 아빠, 베일, 찰리, 우리 가족을 주서서 감사합니다. [친척들 이름을 돌아가며 언급하고] 감사합니다. 사랑하는 주님, 우리 베일/찰리가 사랑받고, 하나님의 천사들의 보호를 받으며, 소중한 존재로 귀하게 여김 받음을 기억하게 해주세요. 우리가 가진 모든 것을 나누며 최선을 다할 수 있게 도와주세요. 이제 베일/찰리에게 평화와 평안을 주시고, 하나님과 엄마, 아빠의 사랑을 알고 편안히 쉬게 해주세요. 예수님의 이름으로 기도합니다. 아멘.

우리 소중한 아이들이 깊은 존경심으로 고개를 숙이고 부모 말을 경청한다고 말하고 싶다. 하지만 실제로는, "내일 체조 수업 있어요?", "새 운동화 사도 돼요?", "백 원이 몇 개 있어야 천원이 돼요?" 하는 시시콜콜한 질문을 던져댄다. 남매 사이에 큰 싸움이 일어나거나, 체르노빌 수준으로 감정이 무너지거나, 지극히 평범한 나쁜 행동("나 안 졸려요!") 직후에 취침 시간이 찾아오는 경우가 드물지 않다. 그런 경우, 나는 즉흥적으로 기도 문구를 넣는다. "그리고 하나님, 찰리가 누나를 깨무는 게 잘못이라는 걸 기억하게 해주세요." 또는 "주님, 베일이 말대꾸하지 않고 부드럽고 친절하게 말하게 해주세요." 이건 의도가 담긴 기도다. 예수님이 바리새인들의 기도에 대해 말씀하신 이야기가 생각난다.

두 사람이 기도하러 성전에 올라가니 하나는 바리새인이요 하나는 세리라 바리새인은 서서 따로 기도하여 이르되 하나님이여 나는 다른 사람들 곧 토색, 불의, 간음을 하는 자들과 같지 아니하고 이 세리와도 같지 아니함을 감사하나이다 나는 이레

에 두 번씩 금식하고 또 소득의 십일조를 드리나이다 하고
_누가복음 18:9-12

이 바리새인을 미워할 수가 없다! "하나님, 제가 훨씬 더 몹쓸 저 사람들 같지 아니함을 감사합니다!" 우리가 종종 그와 같지 않다면, 이 어리석은 바리새인을 보고 크게 웃을 수 있다. 누군가와 갈등을 겪거나 가까운 사람들에게 상처나 분노를 느낄 때, 우리 기도가 그런 식으로 될 수 있다. "하나님, 조Joe가 왜 잘못했는지 알게 해주세요.", "주님, 매기Maggie가 자기중심적인 성향과 피해의식을 벗어나게 해주세요.", "베브Bev 이모에게 새로운 관점과 초자연적인 지혜를 주셔서[… 제 말에 동의하게 해주세요]." 바리새인 같은 느낌을 물씬 풍긴다.

만약 기도 제목인 대상이 그냥 아는 사람이거나 먼 직장 동료라면, 큰 문제가 없다. 그들을 위해 별로 기도하지 않을 것이기 때문이다. 하지만 종종 우리가 절박한 마음으로 기도하는 건, 가장 아끼는 사람들과 갈등을 겪을 때, 그 갈등이 우리 마음과 영혼을 괴롭힐 때다. 아주 힘든 사건, 많이 염려되는 상황, 우리를 가장 괴롭히는 문제들이다. 다시 말하면, 주로 가족들이다. 남편, 아내, 어머니, 아버지, 자매, 형제, 이모, 삼촌, 사촌, 시댁 또는 처가 식구 등, 이 중에 기도 제목이 있을 것이다. 오랜 세월의 역사, 함께 겪은 정

신적 외상, 관계의 깊이, 감정적으로 얽힌 심각성 때문에 고통이 지속되고, 이를 무시하기가 불가능하다. 이럴 때, 우리는 기도가 가장 필요하다. 그리고 대개 이럴 때, 기도하기가 가장 어렵다.

우리 언니 애니Annie는 내가 아는 사람 중 단연코 가장 지혜롭고, 지적이며, 사려 깊고, 창의적이고, 관대하며, 매우 독창적인 사람이다. 언니는 내 인생의 영원한 동반자다. 우리는 서로의 생각과 방식을 알고 있다. 서로의 슬픔과 약점을 알고 있다. 서로의 가려운 부분과 아픈 부분을 알고 있다. 겉보기엔 굉장히 다르지만 근본적으로는 비슷하다. 각자 나름의 방식으로 공유한 어린 시절을 나타내는 것이리라.

작가이자 성경 교사인 베스 무어Beth Moore는 회고록에서, 자신과 형제자매들이 "각자의 접시에… 같은 비밀의 다른 조각들을 갖고 있었다"[1]고 말했다. 언니와 나는 같은 슬픔의 다른 조각들을 가지고 있다.

때때로 힘든 시기에, 언니가 인상적으로 표현한 대로 '우리 가족의 여섯 번째 식구'인 하나님은 우리가 다시 서로를 찾을 수 있는 길이시다. 나는 언니가 나를 위해 기도하고 있다는 걸 알고, 내가 언니를 위해 기도하고 있다는 걸 언니가 안다. 그래서 어떤 신성한 연금술처럼 하나님이 우리를 한데 모으셔서, 갈등이 항상 즉시 해결되는 건 아니지만, 가장 영원한 방식으로 우리를 다시 하나로 엮어주신다. 하나님이 우리를 영적인 자리에 같이 보내시고, 어둠 속에서 우린 서로를 찾는다. 우리가 서로를 위해 기도할 때, 서로를 향한 의도가 선하며, 우리의 토대가 사랑이며, 힘든 중에도 진실하며, 자기 잘못을 바라볼 용의가 있고, 장기적으로, 아니 영원히 이 관계에 헌신하고 있다는 것을 깊이 알고 믿을 수 있다.

작가인 샤우나 나이퀴스트Shauna Niequist는 『나는 아직 배우지 않은 것 같다』*I Guess I Haven't Learned That Yet* [2]라는 책에, 갈등과 기도에 관해 썼다. 나는 뉴욕에서 샤우나와 같은 교회에 다니고 있고, 샤우나가 그 주제로 설교하는 걸 들은 적이 있다. 그녀가 했던 말이 기도에 관한 내 생각을 바꾸었다. '표현할 말이 없다면, 자신이 가진 것을 사용하라. 상상으로 기도하라.'

때때로 내 감정이 나를 배신할 때, 거리감을 느끼거나 화가 나거나 상처를 입을까 두려울 때, 말로 표현할 수 없을 때, 나는 상상하며 기도한다. 우리 아이들이 평화롭고 기분 좋은 모습을 상상한다. 안정감이 있다. 싸우지 않는다! 나는 남편이 성취감을 느끼고 진정한 쉼을 누리는 모습을 상상한다. 남편 얼굴을 그리고, 그를 평온한 환경으로 이끈다. 나는 아름다운 언니의 모습을 그린다. 평화롭고, 미소 짓고, 웃는다. 자연에 둘러싸인 채, 편안히 중심에 서 있다. 혹은, 언니가 산을 오르고 정상에 서서 아름다움을 감탄하며 선명한 정신으로 시를 빚어낸다.

이런 기도에는, 내가 사랑하는 사람들을 생각하고, 그들의 기쁨을 떠올리며 느끼는 기쁨 외에 다른 의도가 없다. 그들이 이것을 느낄 수 있는지, 그들에게 어떤 변화가 있는지 모르지만, 나에겐 변화가 일어난다. 샤우나는 이것이 요가와 비슷하다고 말했다. 몸을 펴면서 숨을 들이쉴 때, 자신이 생각한 것보다 더 멀리 갈 수 있다는 걸 발견한다.[3]

사랑이 나를 덮고, 내 마음이 부드러워지며, 두려움이 사라진다. 분위기가 바뀐다. 말로는 그것을 제대로 표현할 수 없다. 그건 모든 면에서, 하나님이 하시는 일이다.

The long history, the shared
traumas, the depth of
connection, and the gravity of
the emotional stakes—
that's what makes these pains
so persistent and so
impossible to ignore.
It's at these times we need
prayer the most.
And often when we find
it hardest to do.

오랜 세월의 역사, 함께 겪은 정신적 외상,
관계의 깊이, 감정적으로 얽힌 심각성 때문에
고통이 지속되고, 이를 무시하기가 불가능하다.
이럴 때, 우리는 기도가 가장 필요하다.
그리고 대개 이럴 때, 기도하기가 가장 어렵다.

Blank Place. Quiet. Nothingness.

This is
where God has the greatest opportunity to do his thing.

11장

시편 23편

나는 열 살 때쯤, 사촌 집에 일주일 동안 머물렀다. 사촌들은 다른 지역, 그러니까 피닉스에 살았는데, 우리가 사는 애리조나주 투손에서 북쪽으로 약 두 시간 거리에 있는 곳이었다. 사촌인 테리 스타우퍼Teri Stauffer는 우리 아버지의 조카지만, 나랑 나이 차이가 20년이나 나서 항상 내게 이모 같은 존재였다. 테리의 세 자녀, 페이지Paige, 찰리Charley, 홀리Holly는 육촌인데, 나랑 나이가 훨씬 비슷했다. 나한테 형제자매와 같은 존재이다. 우리는 모두 같이 자랐고, 가족끼리 주말마다 서로 집을 오가며 여러 날을 수영장에서 보내고, 분장 놀이도 하고, 연극도 만들고, 사막을 마구 뛰어다니는 바람에 우리 작은 무릎이 선인장에 자주 닿아 긁혀서 피가 났고, 작열하는 뙤약볕에 콧등이 빨갛게 그을렸다.

매년 한 번씩, 여름철이면 사촌 테리가 나랑 언니를 '납치'해 갔다. 그 과정은 이랬다. 사촌들이 며칠 동안 투손에 있는 우리 집을 방문한 뒤, 떠나는 날 아침, 테리는 일찍 동트기 전에 어둠 속에서 우리를 조용히 깨워서 탈출시켰다. 우리는 테리의 낡은 자동차에 우르르 올라타서 북쪽으로 향했다. 빛깔 없는 사막 풍경 위로 찬란한 해가 떠오르면서 하늘이 밝은 주황과 분홍색으로 물들었다. 피닉스와 투손 사이 어딘가에서, 테리는 차를 잠시 멈춰 세우고, 공중전화로 언니와 내가 우리 집에 전화를 걸게 했다. "엄마! 사촌 테리가 우리를 납치해서 자기 집으로 데려가고 있어요!" 엄마는 깜짝 놀란 척을 하고, 우리를 얼마나 그리워할지 모른다고 항의한 후, 며칠 뒤에 운전해서 데리러 가겠다고 약속했다.

우리 두 가족은 모든 면에서 가까웠다. 지리적으로, 관계적으로, 그리고 무엇보다 신앙적으로 가장 깊이 묶여 있었다. 우리는 영적으로 비슷한 여정을 걸어왔다. 교회에 다녔고, 성가대원으로 섬겼으며, 주일 학교 자원봉사자였고, 성경 공부 교사였다. (한때는, 이 스타우퍼 가족 전체가 브라질로 이주하여 교회를 세우고 전임 선교사로 섬기기도 했다. 이건 다른 기회에 이야기하겠다.)

테리의 세 자녀인 육촌들은 우리 언니와 나보다 몇 살 어렸고, 이 '납치' 모험 때, 테리는 언니와 내가 실제보다 더 성숙하고 어른스럽다고 가정하곤 했다. 한번은, 아침 식사 자리에서 테리가 자기 아이의 음식은 잘라줬는데 우리 접시는 그냥 넘어가자, 내가 울음을 터뜨렸다. "왜 우니?" 테리가 깜짝 놀라서 물었다.

"엄마는 집에서 제 팬케이크를 잘라줘요!" 내가 말했다.

테리는 웃으며 나를 꼭 안아주었다. "미안해! 가끔 네가 아직 어린 아이라는 걸 잊어버려!"

그때 나는 만 다섯 살쯤이었던 것 같다. 하지만 시간이 지나고 소중한 여름 전통이 계속되면서, 나는 자랐다는 느낌, 부모님으로부터 독립한다는 느낌을 좋아하게 되었다. 집을 벗어나는 마법의 한 부분이었다. 테리가 바쁘게 아침에 할 일을 마치는 모습을 조용히 관찰한 적이 있다. 테리가 좋아하는 의식 중 하나는, 길 건너 이웃과 함께 커피를 마시는 거였다. 가끔 그 자리에 나를 데리고 갔다. 아직도 기억하는데, 나즈와Najwa 씨의 주방 식탁에 앉아 '커피'(나는 주로 따뜻한 우유)를 마시며 어른들이 대화 나누는 모습을 보았다. 어른들의 대화는 이해할 수 없었지만, 함께하는 시간이 좋았다.

• • •

그런 아침 중 한번은 테리가 내게 시편 23편을 소개해 주었다. 이 시편은 내가 평생 간직할 구절이다. 테리는 성경책을 주면서 시편 23편을 찾아서 외우라고 했다. 나는 호기심이 생겼고, 왠지 자랑스럽기도 했다. 그건 나에게 "넌 이걸 할 수 있을 만큼 자랐어"라고 말하는 것처럼 느껴졌고, 마음과 생각에 자신감을 주었다.

지금까지도 테리가 그때 왜 그 구절을 택했는지는 모른다. 시편 23편은 유명하다. 나중에 알게 됐지만, 쉽지 않다. 아이의 '암송 구절'로는 겁날 정도로 긴 데다가, 설상가상으로, 테리가 준 성경은 아주 생경한 고어가 많이 쓰인, 오래된 흠정역 성경KJV이었다.

여호와는 나의 목자시니 내게 부족함이 없으리로다
그가 나를 푸른 풀밭에 누이시며 쉴 만한 물 가로 인도하시는도다
내 영혼을 소생시키시고 자기 이름을 위하여 의의 길로 인도하시는도다
내가 사망의 음침한 골짜기로 다닐지라도 해를 두려워하지 않을 것은 주께서 나와 함께 하심이라 주의 지팡이와 막대기가 나를 안위하시나이다
주께서 내 원수의 목전에서 내게 상을 차려 주시고 기름을 내 머리에 부으셨으니 내 잔이 넘치나이다
내 평생에 선하심과 인자하심이 반드시 나를 따르리니 내가 여

호와의 집에 영원히 살리로다

_시편 23편*

이 긴 구절의 의미는 모호했고 대부분 이해할 수 없었다. "내게 부족함이 없으리로다" … '뭐라고?'. "기름을 내 머리에 부으셨으니" … 생각만 해도 불쾌했다. 하지만 이 도전을 받아들였다. 나는 거의 이해할 수 없는 단어들을 암송했다. 그리고 신기하게도, 이 말씀은 내 뇌리에 깊이 박혔다.

• • •

시편 23편은 나의 시편이다. 나의 친구이자 도움이다. 어린 시절 하나님이 주신 선물로, 해마다 재발견하게 하시고, 항상 그 표면 아래 새로운 것을 보게 하신다. 이 시편은 예기치 않게 빛을 발하며 새로운 면과 색을 드러내는 보석과 같다.

시편 23편은 하나님과 나의 암호다. 때때로 필요할 때, 이것은 하늘에서 내려오는 작은 포스트잇Post-it*처럼, 어디선가 불쑥 나타난다. 목사님이 내게 처음으로 교회에서 설교 같은 걸 해달라고

---

* 흠정역 영어성경으로 표기된 것을 한글 개역개정 성경으로 옮김
* 접착식 메모지

> 이 시편은
> 예기치 않게
> 빛을 발하며
> 새로운 면과
> 색을 드러내는
> 보석과 같다.

요청하셨을 때, 나는 두렵고 위축되었고, 사람들을 기만하는 것 같았다. 그런데 어머 세상에, 그날 아침에 교회 찬양 리더가 선곡한 찬송가는? 시편 23편을 각색한 찬양이었다. 나는 혼자 미소 지었다. 하나님과 나만 이해할 수 있는 방식으로 메시지를 받은 셈이었다. '내가 여기 있다. 내가 너와 함께한단다.'

그러나 사실, 시편 23편은 모두의 시편이다. 어떤 이유로 유명하여, 시간과 세대를 초월하여 사람들의 관심과 흥미를 끌고, 해석과 재해석이 가능하다. 이것은 성경의 '모나리자'와 같아서, 몇 걸음 옆으로 걸어가면 완전히 다른 빛으로 볼 수 있다. 매력적인 이 성경 구절에 관한 책들도 많다.

"주님은 나의 목자시니, 내게 부족함이 없습니다."

우리의 모든 필요를 하나님께서 직접 채워 주신다.

"나를 푸른 풀밭에 누이시며 쉴 만한 물가로 인도하십니다."

우리의 신체적 필요, 즉 음식, 물, 생계를 위한 것들을 채워 주신다.

"내게 다시 새 힘을 주시고, 주의 이름을 위해 바른길로 나를 인도하십니다."

우리의 영적인 필요, 즉 의미와 목적을 채워 주신다.

"비록 죽음의 그늘 골짜기로 다닐지라도, 주께서 나와 함께 계시고, 주의 막대기와 지팡이로 보살펴 주시니, 내겐 두려움이 없습니다."

우리의 안전에 대한 필요를 채워 주신다.

"주님은 내 원수들이 보는 앞에서 내게 잔칫상을 차려 주십니다."

하나님이 선택하신 백성이라는, 우리 정체성에 대한 필요를 채워 주신다.

"내 잔이 넘칩니다."

우리의 관점에 대한 필요를 채워 주신다.

"진실로 주의 선하심과 인자하심이 내가 사는 날 동안 나를 따를 것입니다."

우리의 소망에 대한 필요를 채워 주신다.

"나는 주의 집으로 돌아가 영원히 거기서 살겠습니다."

우리의 영원에 대한 필요를 채워 주신다.

• • •

본질적으로, 시편 23편은 쉼에 대한 구절이다. 나는 잠이 오지 않는 밤에 이 목자의 시편을 암송하는 게 양을 세는 것보다 훨씬 낫다는 걸 알게 됐다. 이리저리 뒤척이는 길고 어두운 시간 동안, 시계를 볼 때마다 알람에 대한 두려움이 점점 더 커질 때, 나는 필사적으로 나의 시편을 소환한다. 속으로 되뇌며 마음속에서 그 길고 구불구불한 길을 다시 되짚는다. 생각들이 불가피하게 걱정과 산만함으로 여기저기 헤매느라 몇 번을 돌고 돈다. 하지만 부드럽게, 잃어버린 양을 구슬려 집으로 데려가는 목자처럼, 나는 그 단어들로 돌아간다. 그리고 결국 잠이 든다.

어떤 때에는, 깨어 있고 불안에 시달릴 때, 그 시편을 묵상한다. 그렇게 하면 내가 가진 걱정과 두려움 대신 다른 것에 집중할 수 있다. 침대에 누워 있을 때, 가장 취약한 때, 평범한 걱정이 얼마나 커질 수 있는지 경험해 본 적 있는가? 일상적인 것, 예를 들어, 아이 생일파티를 위해 컵케익을 집에서 직접 만들지, 아니면 가게에서 사 올지가 밤의 어둠 속에서는 괴로울 정도로 중요한 문제일 수 있다. 아침에 일어나면, '내가 뭘 고민했더라?' 하고 생각한다. (그리고, 당연히 가게에서 산다!)

그런 밤이면 때로 눈을 감고 나의 시편의 각 구절을 하나하나 떠올리며, 푸른 풀밭, 졸졸 흐르는 시냇물 등 각 장면을 머릿속에 그리면서 불안한 생각들을 몰아낸다. 밝고 푸른 하늘, 내가 딛는 단단한 땅의 느낌, 부드러운 산들바람과 얼굴에 닿는 따뜻한 햇볕을 마음에 떠올린다. 시편 23편의 평온한 첫 장면은 불안한 마음이 잠시 쉬어가기 좋은 곳이다.

• • •

이 이미지들은 이제 내 안 깊은 곳에 있다. 하나님과 함께함이 어떤 모습일지, 그리고 어떤 느낌일지를 나타낸다. 이 평온하고 고요한 장소는 나의 영적 본거지다. 그리고 이 시편은 내게 육체적인 휴식보다 더 깊은 쉼, 고갈을 잠시 유예하는 것 이상의 쉼을 제공해 준다. 인간으로서 처한 조건 그 자체를 잠시 벗어나게 한다.

진정한 영적 휴식은, 자신을 돌보기 위해 절박하게 애쓰면서 결핍과 두려움 때문에 붙잡거나 쌓아두려 하지 않을 때 찾아온다. 진정한 휴식은 자신이 누구인지 알 때, 즉 우리가 하나님의 사랑과 돌봄을 받고 있다는 걸 알 때 찾아온다. 다른 말로 하면, 이 시편은 '이제 쉬거라. 네 모든 수고와 짐을 내려놓으렴. 하나님이 여기 계신단다. 그분은 너와 함께하시며 네 모든 필요를 채워 주신단다' 하고 말하고 있다.

2014년에 우리 딸이 태어났다. 우리 부부는 아기의 성별을 미리 알지 않기로 했다. 하지만 어떤 이유 때문인지, 우리는 아들일 거라고 가정하고, 딸 이름은 전혀 생각하지 않았다. 아이가 태어났는데 의사 선생님이 "딸이에요!"라고 외치셨을 때, 우리가 얼마나 놀랐을지 상상해 보라. 너무 기쁘고 흥분한 데다 진통제 때문에 약간 몽롱한 상태에서 급하게 딸 이름을 생각해 내야 했다. 오래전, 나는 '베일Vale'이라는 이름을 우연히 들었고, 그 이름을 늘 좋아했다. 기적적으로 남편도 그 이름을 맘에 들어 했다.

> 진정한 휴식은 자신이 누구인지 알 때, 즉 우리가 하나님의 사랑과 돌봄을 받고 있다는 걸 알 때 찾아온다.

시인이나 국무장관의 이름 같은, 흔하지 않으면서도 품위 있고, 너무 유행을 타거나 요란하지 않았다. 그래서 아이 이름을 '베일'로 정했다.

나는 그 단어의 유래에 대해 많이 알지 못했지만, 지금은 많이 사용되지 않는 '평화로운 계곡'을 뜻하는 옛 고어라는 정도만 알고 있었다. 이후 교회에서 옛날 찬송가 가사에 나오는 걸 보고("들과 숲, '계곡'과 산… 하나님을 영원히 찬양합니다!")[1] 기뻐했다. 하지만 아이가 태어나고 수년이 지난 최근에서야! 아이 이름이 내가 항상 소중하게 생각하는 시편 23편의 이미지를 그대로 연상시킨다는 걸 깨달았다. 잔잔한 물가 옆, 평화롭고 푸른 풀밭이 그 계곡, 바로 '베일'이 아니겠는가?

하나님은 참 재미있는 분이시다.

. . .

나는 오래된 일기장 사이에 끼워진 '보물'을 발견했다. 한 장씩 뜯어 쓰는 메모지에 내가 엉망으로 휘갈겨 적은 글이었다(하필 내가 일했던 법률 회사 로고가 새겨진 메모지에 적은 걸 보니, 2003년쯤 쓴 것 같다).

시편 23편을 나의 말로 표현한 것이었다.

하나님이 나를 돌보고 계신다. 내 모든 필요를 채우신다. 긴장을 풀고, 쉬고, 통제를 내려놓게 하시고, 시원한 풀 같은 하나님의 위로가 나를 감싼다. 하나님이 나를 데려가시는 곳에, 평화가 있다. 그분은 나에게 평온함과 고요함을 보여주신다. 세상이 앗아간 모든 것을 내게 되돌려주신다. 내 마음의 조각들을 사랑으로 이어 붙이신다. 그분은 나보다 앞서가시며, 자신의 발자국으로 다지시고, 자신의 존재로 시험하셔서 선하심과 의로움의 길을 내신다. 하나님은 내 삶에 의미 있는 길을 보여주시고, 그분의 이름을 위해 나를 사용하신다. 내가 죽음을 보고, 어둠과 절망, 의심과 두려움이란 삶을 마주할 때도, 나를 기적처럼 건져주실 것이다. 상황은 절망스럽지만 확신하며, 나를 둘러싼 주변은 무너져도 승리할 것이다. 하나님의 광대한 힘, 생명을 주시고 세상을 창조하시고 우주를 지탱하시는 힘을 생각하며, 세상을 붙들고 계신 그분이 나를 붙드신다는 사실에 위로를 얻는다. 하나님은 내게 호의를 베푸셨고, 풍성하게 축복하셨으며, 온갖 부요함으로 나를 어쩔 줄 모르게 하셨다. 그분은 나를 고르셨고, 수많은 군중 가운데 나를 선택하셨으며, 세상 모두가 보는 앞에서 나를 과분하게 사랑하셨다. 너무 많은 복을 받아서 다 셀 수 없으며, 복 주시는 그분에 대한 사랑이 내 안에 가득하다. 이로 인해, 하나님이 내게 사랑과 헌신을 보여주셨기에, 아무 이유 없이 나를 구원해 주셨기에, 매일 나를 구해주시고 이 삶을 사는 동안 나를 인도하시기에, 그분이 나를 버리지 않으시며, 그분의 선하심과 친절하심과 은혜와 긍휼하심이 내 모든 날 동안 나와 함께 할 것을 확신한다. 그리고 그분은 아버지께 돌아온 딸을 집으로 반갑게 맞아주시고, 나를 위해 자리를 마련해 두시고, 영원히 머물도록 초대하실 것을 나는 안다.

하나님의 말씀은 우리가 맛보고, 천천히 음미하고, 즐겨야 한다. 하나님의 말씀은 섭취하여 우리 혈류에 흡수시켜야 한다. 여러분의 '시편 23편'이 무엇이든(그것이 성경 구절이든, 인용문이든, 노래이든) 자신의 영혼에 말을 건다면, 하나님이 말씀하고 계실 가능성이 크다.

> 하나님 말씀은 우리가 정보를 찾으려고 책장에서
> 꺼내는 도서관의 참고 도서가 아니다. 이 말씀은
> 박제되어 있거나 딱딱하게 굳어있지 않다.
> 하나님 말씀은… 우리가 사는 곳에서 우리에게 닿는다.
> 하나님이 우리에게 말씀하신다는 것을 아는 순간,
> 기쁨이 절로 넘친다.[2]
> _유진 피터슨Eugene Peterson, 『메시지를 살다』Living the Message

Blank Place. Quiet. Nothingness.

This is
where God has the greatest opportunity to do his thing.

12장

동네에서의
아름다운 하루

몇 년 전, '로저스 아저씨'Mister Rogers*에 관한 영화가 나왔다. 톰 행크스Tom Hanks가 카디건을 입은 멋진 거장 역을 맡아 연기했다. (이보다 완벽한 캐스팅이 있을까.) 이 영화는 주로, 피츠버그 출신의 온화한 목사님이 어떻게 공영 텔레비전의 거물이자 미국 유명인이 되었는지에 대한 이야기였다.

나는 어릴 때 〈Mister Rogers' Neighborhood〉로저스 아저씨네 동네 프로그램을 봤던 기억이 있다. 로저스 아저씨가 신발을 바꿔 신을 때 운동화를 공중에 던지는 모습과, 복도 옷장에 깔끔하게 정돈된

---

* 미국 어린이 TV 프로그램인 〈Mister Rogers' Neighborhood〉(로저스 아저씨네 동네)를 30여 년간 진행한 방송인이자 목사

카디건들이 마음에 들었다. 나는 상상 속 나라와, 늘 잠시 들르는 집배원도 좋아했다.

역설적으로, 어릴 적 (약간 힘들었던) 기억 중 하나는 로저스 아저씨 프로그램과 관련된 것이었다. 나는 오전반 유치원에 다니고 있었고, 언니, 오빠는 아직 학교에 있던 어느 오후, 엄마가 지루해하는 나를 달래주기 위해 거실 TV로 〈Mister Rogers' Neighborhood〉를 틀어주겠다고 하셨다. 낡고 투박한 TV가 아직도 생생하게 기억난다. 삐죽 튀어나온 두 개의 안테나가 오른쪽 왼쪽으로 기울어 있었고, 소리 크기를 조절하는 손잡이와, 채널을 돌리는 손잡이가 있었다. 옛날 그 시절에는 TV 채널을 바꾸려면, 말 그대로, 방을 가로질러 걸어가야 했고, 그래서 아마 언니와 나는 종종 TV 바로 앞, 7센티미터 거리에 있는 깔개 위에 드러누워서 보았다. "아가씨들!" 엄마가 버럭 소리를 지르셨다. "뒤로 가세요! 눈 나빠지겠어!" 이런, 다른 이야기로 새버렸다.

엄마는 잘 모르셨지만, 엄마의 친절한 제안에 나는 슬프고 서러운 감정에 깊이 휩싸였다. 나는 '로저스 아저씨를 볼 나이는 이미 지났어'라고 생각했다. '엄마는 그걸 몰라. 엄마는 여전히 내가 아기라고 생각하시나 봐.' 내가 자라고 있다는 사실을 엄마가 모른다니 슬프고 아쉬웠고, 죄책감도 들었다. 그래서 엄마에게 로저스 아저씨 프로그램을 정말, 정말 보고 싶다고 말했다. (심리치료사 여러분, 준비하시라.) 우리가 기억하는 어린 시절의 순간이 재밌지 않은가?

어쨌든.

로저스 아저씨가 온화하고 친절한 교육자인 것은 누구나 알지만, 그는 독실한 신앙인이기도 했다(정식 장로교 목사님이셨다). 로저스 아저씨는 철저한 습관을 실천하신 분으로, 정기적으로 기도하는 습관을 갖고 계셨다. 자기가 아는 사람들을 위해, 매일, 이름을 불러가며 기도하셨다.

지금쯤 여러분은 이렇게 생각할 것이다. '좋아요, 고마워요. 내가 로저스 아저씨 같은 성자가 될 수 없는 이유 백억 가지를 말해볼게요. 나는 아이들한테 소리나 지르고, 내 인생의 모든 사람을 위해 매일 기도하지 않는다고요.'

내가 영화 〈A Beautiful Day in the Neighborhood〉동네에서의 아름다운 하루*에서 로저스 아저씨가 침대 옆에 무릎을 꿇고 손을 모으고 머리를 조아리며 이름을 읊조리는 장면을 보지 못했다면, 나도 그렇게 생각했을 것이다.[1]

---

* 한국에서는 이 영화 제목이 〈뷰티풀 데이 인 더 네이버후드〉로 소개됨.

세실리아 셔먼Cecila Sherman.

콜비 딕커슨Colby Dickerson.

이런 식으로 이름을 나열한다. 어떤 상황인지 그림이 그려질 것이다.

그게 다다. 다른 이야기가 없다. 다른 배경 이야기도 없다. 다른 기도 제목이 없다. 다른 설명이 없다. 그저… 이름만 열거한다. 한 이름, 다른 이름.

이 아이디어는 감동적이고 강력하다. 유익하다. 우리는 다른 이들, 즉 친구들, 가족들, 동료들, 지도자들을 위해 진심으로 기도하고 싶어 한다. 하지만 그들의 기도 제목을 다 파악하기는커녕, 그 수가 너무 많아 엄두가 나지 않는다. 때로는 다른 사람들을 위한 기도에 감정이 실릴 수 있다. 동기가 혼재되어 있다. 처방한다. 판단하기도 한다. 좋은 의도로 시작하더라도, 길을 잃기가 쉽다.

WWMRD? 로저스 아저씨라면 어떻게 하실까?What would Mister Rogers do?

어떤 날 아침, 나도 로저스 아저씨처럼 그냥 이름만 부르며 기도한다. 남편 이름을 하나님께 속삭이고, 그의 모습을 떠올린다. 남편 마이크. 다음은 우리 아이들. 베일. 찰리. 그들을 한 명씩 상상하며 사랑스러운 얼굴을 떠올린다. 어머니, 애니Annie, 캠Cam. 내 마음에 그들을 그린다. 이 기도의 경험은 놀라울 정도로 강력하다. 우리가 기도하며 부르는 이름의 사람들과 깊이 연결되고, 모든 날카로운 부분이 부드러워진다. 이들의 이름을 부르며 기도하는 건, 사랑의 행위이며, 의미의 행위이며, 소망의 행위이다. 사랑하는 사람들을 내가 신뢰하는 하나님 앞에 올려드릴 때, 나와 하나님과의 관계도 가까워지고, 나와 그들과의 관계도 가까워진다.

시간이 부족하고, 생활에 시달리고, 마음이 산란하고, 내적 대화가 부담스러울 때, 우리는 이들의 이름을 말할 수 있다. 나머지는 하나님이 도우실 것을 믿으며.

Blank Place. Quiet. Nothingness.

This is
where God has the greatest opportunity to do his thing.

3부
찬양

PRAISE

13장

찬송의 옷

"누구 옷을 입고 있나요?"

나는 레드카펫을 취재한 적이 여러 번 있다. 현장은 거칠다. 빽빽한 기자들 무리에 끼어서(대개는 꽉 끼는 드레스를 입은 채) 인기 있는 유명 인사들이 잠시라도 멋진 모습으로 나타나 주기를 바라고 기다린다. 에미상이나 골든 글로브 같은 큰 시상식 전 광경은 특히 혼란하다.

홍보 담당자들은 난감하리만큼 날씬하고 빛나는 스타들을 생방송 카메라 군단 쪽으로 안내한다. 벌 떼 같은 방송 제작자들이 초등학생처럼 손을 뻗어 흔들며("여기, 여기, 여기요!") 대단한 톱스타가 멈춰 서주기를 바란다. 이런 인기 많은 '인터뷰'는 보통 30초

> "당신은 누구 옷을
> 입고 있나요?"
> 피상적이고 공허한
> 질문이다.
> 하지만 이것이 예리한
> 영적 질문이라면?

에서 90초 사이에 끝난다. 번개 데이트처럼, 진정한 상호작용은 거의 하기 어렵다.

레드카펫에서 보톡스와 극심한 다이어트만큼이나 흔하게 자주 던지는 질문이 있다. "누구 옷을 입고 있나요?" 물론, 이건 연예인 경제의 일부다. 스타들은 의상 디자이너의 이름을 가능한 한 많이 언급하겠다는 조건으로 아름다운 옷을 빌려 입는다. 상호 이익인 셈이다!

개인적으로 나는 이 질문을 좋아하지 않는다(그렇지만 많이 해봤다). 문법에 안 맞는 표현인 건 차치하고, 그 드레스가 프라다Prada인지, 푸치PUCCI인지, 프로엔자Proenza인지 누가 정말 신경 쓰는가? 나도 예쁜 걸 좋아하긴 하지만(이런 레드카펫 특집을 보는 이유는 바로 스타들의 의상 때문이다), 왜 이들이 그 특정 드레스를 선택했는지가 궁금하지 않은가? 몇 벌이나 입어봤는지? 스팽스SPANX*를 입고 있다면? 몇 겹이나 입었는지? 등등. 발음하기도 어려운 디자이너 브랜드 이름을 들먹이는 것보다 이런 것들이 더 흥미롭다.

"당신은 누구 옷을 입고 있나요?" 피상적이고 공허한 질문이다.

---

* 보정 속옷 브랜드

하지만 이것이 예리한 영적 질문이라면?

> 주 여호와의 영이 내게 내리셨으니… 이는 나를 보내사… 모든
> 슬픈 자를 위로하되… 슬퍼하는 자에게 화관을 주어 그 재를 대
> 신하며… 찬송의 옷으로 그 근심을 대신하시고…
>
> _이사야 61:1-3

'찬송의 옷'. 이사야서의 유명한 긴 구절 가운데 묻혀 있는 보물
같은 표현이다.

하지만 잠시 뒤로 돌아가 보자.

> 여호와께 감사하라Give praise to the LORD* 그의 이름을 부르며…
>
> _이사야 12:4

"여호와를 찬양하라." 이 권고는 성경 전반에 퍼져 있다. 구약
과 신약, 어떤 번역본을 선호하든, 계속 반복되는 것을 볼 수 있다.

> 여호와는 위대하시니 극진히 찬양할 것이요
>
> _역대상 16:25

---

* 한글 성경은 "여호와께 감사하라"로 옮김.

그러므로 우리는 예수로 말미암아 항상 찬송의 제사를 하나님
께 드리자

_히브리서 13:15

찬송하리로다 하나님 곧 우리 주 예수 그리스도의 아버지께서
그리스도 안에서 하늘에 속한 모든 신령한 복을 우리에게 주
시되

_에베소서 1:3

아직 시편은 살펴보지 않았다!

너희는 여호와 우리 하나님을 높여 그의 발등상 앞에서 경배할
지어다

_시편 99:5

호흡이 있는 자마다 여호와를 찬양할지어다

_시편 150:6

내가 여호와를 항상 송축함이여 내 입술로 항상 주를 찬양하리
이다

_시편 34:1

내 영혼아 여호와를 송축하라 내 속에 있는 것들아 다 그의 거
룩한 이름을 송축하라

_시편 103:1

여호와께 감사하고 그의 이름을 불러 아뢰며 그가 하는 일을 만
민 중에 알게 할지어다

_시편 105:1

능력이 있어 여호와의 말씀을 행하며 그의 말씀의 소리를 듣는
여호와의 천사들이여 여호와를 송축하라 그에게 수종 들며 그
의 뜻을 행하는 모든 천군이여 여호와를 송축하라 여호와의 지
으심을 받고 그가 다스리시는 모든 곳에 있는 너희여 여호와를
송축하라 내 영혼아 여호와를 송축하라

_시편 103:20-22

좋다! 충분히 이해했다.

특히 신앙에 관한 책에서는 말하기가 좀 그렇지만, 나는 가끔(은
밀히) 이런 생각을 했다. '음, 왜 이렇게 찬양하라고 하시지? 왜 하나
님은 항상 칭송을 요구하시는 거야? 하나님은 칭찬에 목마르신가?
우리 하나님은 우주적으로, 영원히 인정에 대한 결핍이 있으신가?'

이 불손한 생각은 오랫동안 내 마음 뒤쪽을 서성였지만, 너무
민망하여 제대로 마주하지는 못했다. 하지만 물론, 하나님은 우리
마음의 내용을 아신다. 그래서 이사야서에서 이 구절을 접했을 때,
'찬송의 옷'이란 구절이 내 눈에 확 들어왔다.

'옷'

갑자기 이해됐다. 찬송이 옷이라면, 누가 그 옷을 입고 있는가? 우리가 입고 있다. 우리는 그 옷을 입고 있는 존재들이다. 하나님을 찬양하라고 하신 이유는 하나님 자신을 위해서가 아니라 우리를 위해서였다.

머릿속에 번개가 쳤다.

우리가 받은 복을 헤아리고, 감사한 것들과 삶에서 좋은 것들을 기억할 때, 우리는 많은 혜택을 누린다. 우리 영혼이 고양되고 기쁨이 가득하다.

찬양하라고 하신 건 '하나님이 주로 하시는 일이 우리를 사랑하시는 것'임을 보여주는 예가 된다. 우리가 감사의 자리에 나아가, 우리 자신 너머 하나님을 바라볼 때, 마음과 영혼과 인격에 깊은 유익을 얻는다는 걸 하나님은 아신다. 물론, 우리 찬양의 대상이신 하나님도 찬양받으시지만, 우리 자신이 그 행위로 인해, 힘과 용기를 얻고 변화된다.

> 할렐루야 우리 하나님을 찬양하는 일이 선함이여 찬송하는 일이 아름답고 마땅하도다
>
> _시편 147:1

하나님이 찬양을 요구하신다. 하나님의 깊은 필요를 채우기 위

해서가 아니라 우리의 깊은 필요를 채우시기 위해서다. 아름다운 찬송의 옷을 입은 자들은 우리이다.

그렇다면… 여러분은 누구를 옷 입고 있는가?

• • •

감사란 '낮은 곳에 달린 행복의 열매'라는 말을 들은 적이 있다. 흥미롭다. 하지만 이 말은, 감사할 거리를 찾기가 쉽지만, 때로는 쉽지 않다는 것을 암시한다. 때로는 감사하기가, 요세미티의 하프돔Half Dome*을 오르는 것처럼 힘겹게 느껴진다. 운 좋게 땅에 떨어진 복숭아 하나를 집어들 듯 수월한 게 아니다. 내면에서 극도의 노력이 필요한 일처럼 느껴진다.

특정한 시대에 신앙이 있는 가정에서 자랐다면 조니 에릭슨 타다Joni Eareckson Tada라는 여성의 이름을 들어봤을 것이다. 우리 어머니는 1980년대에 그녀를 존경하며 그녀가 쓴 책을 읽으셨다. 어머니가 십 대였던 내게 조니에 대해 해주신 말씀이 생생히 기억난다 (영적인 도전과 함께 조심하라는 뜻으로 말씀하셨던 것 같다). 조니는 매릴랜드 출신의 운동을 좋아하는 여학생으로, 17세 때, 얕은 물에 뛰어들었다가 목

---

* 미국 요세미티 국립공원 내 최고 난코스 암봉

> 지금 이 순간
> 어디에 있든,
> 어떻게 느끼든,
> 분위기를 즉시
> 바꾸고 싶다면,
> 태도에 곧장
> 변화를 주고 싶다면,
> 하나님을 찬양하라.

이 부러졌다. 조니는 사고 직후, 목 아래 신체가 마비되었다. 사지 마비 환자가 된 것이다. 이후로 아름답고 솔직한 신앙과 섬김의 삶을 살고 있다. (창의력도 대단하다! 치아로 붓을 물고 아름다운 캔버스 그림을 그린다. 정말 대단하다.)

수년 후, 성인이 된 나는 〈Larry King Live〉래리 킹 라이브*에서 우연히 조니의 인터뷰를 보았다.[1] 나는 어린 시절을 기억하며, 하던 일을 멈추고 시청했다. 조니는 자신이 어떻게 신앙을 갖게 됐는지 이야기했다. 사고가 나기 전에는 신앙이 그리 깊지 않았고, 사고 후 몹시 고통스러운 몇 주와 몇 달 동안 병원 침대에 누워 있게 되자, 상상했던 멋진 삶을 잔인하게 빼앗긴 상황 속에서 절망감이 감당할 수 없을 만큼 커졌고, 죽고 싶다는 생각까지 하게 되었다. 병원 침대에서 목을 다시 부러뜨려 죽으려고까지 했다. 사지가 마비된 탓에 그건 불가능했다.

조니는 인생이 완전히 바뀐 순간을 이야기했다. 몇몇 가족과

---

* 미국 방송인, 래리 킹이 수십 년간 진행한 인터뷰 쇼, TV 프로그램

친구들이 병실에 찾아와 위로했다. 그들은 피자를 사 오고 미국대학 미식축구NCAA Football 경기를 보면서, 자신을 환자가 아닌, '한 사람으로 대해'[2] 주었다. 또한 각자의 성경책을 가지고 왔다. 조니는 별로 신앙이 없었지만, 이들의 친절함 때문에 성경을 펼치게 되었다. 조니의 인생을 바꾼 구절은 이것이었다.

> 범사에 감사하라 이것이 그리스도 예수 안에서 너희를 향하신 하나님의 뜻이니라
> _데살로니가전서 5:18

나는 이 장면을 보면서 깜짝 놀랐다. 이 구절이 그녀에게 깊이 영향을 주었다는 게 믿기지 않았다. 전혀 격려하는 구절이 아니었다. 영원한 세계에서 더 나은 삶을 약속하는 구절도 아니었다. 그녀에게 아무것도 주지 않았다. 오히려 무언가를 요구했다. 조니에게, 너무나 많은 것을 빼앗긴 사람에게, 감사하라고 말하고 있었다. 감사하라고? 정말?

바로 이 말씀이 그녀의 인생을 바꿨다. 조니 자신도 처음에는 이해할 수 없었다고 말했다. 그날 이후 모든 깨어 있는 순간을 찬란한 황홀경 속에서 보낸 것도 아니었다. 삶은 여전히 힘들었다. 침대에서 일어나는 것도, 씻는 것도, 먹는 것도 누군가의 도움을

받아야 했다. 어떤 날은 삶을 영위하기 위해 모든 것을 다해야 했다. 하지만 어쨌든, 찬양과 감사는 그녀의 가장 강력한 치유제였다. 그리고 자신이 약하다고 느낄수록, 할 수 없는 것이 많아질수록, 하나님은 더 강하셨다고 고백했다.

• • •

찬양. 감사. 감사의 기도.

지금 이 순간 어디에 있든, 어떻게 느끼든, 분위기를 즉시 바꾸고 싶다면, 태도에 곧장 변화를 주고 싶다면, 하나님을 찬양하라.

나는 흠정역 성경KJV의 시편 22편 3절 말씀을 좋아한다. "이스라엘의 찬송 중에 계시는 주여 주는 거룩하시니이다." 하나님은 백성의 찬송 중에 거하신다. 하나님이 어디 계신지 궁금하면, 하나님을 찬양하라. 불현듯 그분의 존재 안에 우리가 있을 것이다. 우리는 이미 그분의 전화번호를 배웠다. 그분의 주소를 찾고 있는가? 찬양하는 그곳에 하나님이 계신다.

If praise is a garment,
who is wearing it? We are.
We are the ones
who are adorned.
God tells us to praise
him not for what it does
for him but for what it
does for us.

찬송이 옷이라면,
누가 그 옷을 입고 있는가?
우리가 입고 있다.
우리는 그 옷을 입고 있는 존재들이다.
하나님을 찬양하라고 하신 이유는
하나님 자신을 위해서가 아니라
우리를 위해서였다.

Blank Place, Quiet, Nothingness.

This is
where God has the greatest opportunity to do his thing.

14장

눈을 들어 보라

새벽녘, 아늑한 의자에 앉아 담요로 몸을 감싼 채, 그날의 업무 자료를 읽고 있었다. 그때 계단에서 작은 발소리가 들렸다. 농담이다. 내가 실제로 들은 소리는 헤비급 복싱 선수가 그랜드 피아노를 들고 천천히 걸어 내려오는 듯한 우렁찬 소리였다. 다시 말해, 여덟 살짜리의 발걸음이었다. 아니나 다를까, 일찍 깨어 나를 찾는 딸, 베일이었다. 이미 출근이 늦었지만, 시끌벅적한 일과가 시작되기 전에 아이를 품에 안고 조용한 시간을 보내길 마다하지 않았다. 아이를 무릎에 앉히고, 곱슬곱슬한 머리를 가슴에 대고 그날 하루를 위해 기도드렸다. 고요함. 조용함. 우리 둘만 있는 시간. 나는 이 순간을 가슴에 간직한다. 초등학생인 천사가 곧 십 대가 되면, 아마 까칠해져서 엄마 품에 안기려 들지 않을 거다.

"엄마," 기도가 끝나자 아이가 나를 올려다보며 말했다. "나는 가끔 지구가 움직이는 걸 느낄 수 있어요." 나는 멈추고 아이의 말을 기다렸다. 아이는 이어 말했다. "지구가 태양 주변을 도는 거 알죠? 나는 가끔 지구가 움직이는 걸 느낄 수 있어요. 구름이 하늘을 가로질러 가는 걸 볼 수 있어요."

나는 미소를 지었다. 그렇게 느끼다니 참 멋지다고 아이에게 말해주었다. 아이는 잽싸게 자리를 옮겼다.

하늘을 보는 관점. 그것은 동트기 전 어둠 속에서 아이와 나눈 은밀한 순간만큼이나, 흔치 않고 소중하다.

물론 우리는 실제로 지구가 도는 걸 느낄 수 없다. 그건 추정하건대, 아마 여러 과학적인 이유가 있기 때문이리라. 그러나 우리가 우주적이고 신성한 움직임을 거의 인지하지 못하는 데에는 영적인 이유도 있을 것이다. 우리는 조용하지 않고, 가만히 있지 않으며, 하나님과 단둘이 함께 있지 않다. 그리고 우리는 올바른 곳을 바라보고 있지 않다. 대부분의 날 동안, 우리는 내면을, 외면을, 또는 그 두 가지를 같이 본다. 수평으로 보지, 수직으로 보지 않는다. 우리는 하늘을 바라보지 않는다.

결국 우리는 인간일 뿐이다. 우리의 기본 시선은 땅을 향한다. 우리의 기본 초점은 내면에 있다. 우리의 필요, 욕망, 가족, 이런저런 일, 직업, 건강, 꿈, 즐거움. 전부 우리에 관한 것이다. 관점은 자연스럽게 생기지 않는다. 아이들이 "해주세요", "실례합니다", "감사합니다"를 배워야 하는 것처럼, 우리도 배워야 한다. 우리도 연습해야 한다.

> 우리의 기본 시선은 땅을 향한다.
> 우리의 기본 초점은 내면에 있다.
> 우리의 필요, 욕망, 가족, 이런저런 일에 관한 것이다.

많은 이들처럼 나도 어둡고 불길한 생각들과 싸운다. 나의 이 싸움을 의학적으로 뭐라고 하는지 모르겠다. 아마 불안이라 할까? 명칭이 뭐든지 상관없다. 나는 마음으로 알고 있다. 어디서든 그것을 알 수 있다. 두려움과 걱정, 죄책감이 내 마음을 단단히 죄는 무거운 느낌. 나를 조이고 괴롭히는 불편하고 불안한 느낌. 실제 질병은 아니더라도 편하지 않은 느낌. 지속적이고 때로 끊임없는 불길한 예감.

이것의 본질적인 특징은 '왜 내가 이렇게 느끼지?' 하는 신비함에 있다. 나는 대개 그 원인을 꼭 집어 말하지 못한다. 원인을 찾기 위해 나의 기억, 움직임, 상호작용을 샅샅이 살피며 머리를 굴린다. 내가 그렇게 불안해하는 진짜 이유를 찾으려 한다. 내가 뭔가 잘못 했나? 내가 무심코 누군가에게 상처를 주었나? 내 행동 방식이 그런 끔찍한 결과를 초래했나? 하나님 뜻이 아닌데 무모하게

위험을 자초했나? 왜 나는 곤경에 처했다고 느끼지? 엄청난 비난
이 쏟아질 것 같고, 항상 재앙이 곧 들이닥칠 것 같지?

이런 감정들은 극복해야 할 산이다. 때로는 매일 올라야 하는
산이다. 나는 직장과 집에서 이런 감정을 웃어넘기려 한다. 앞으
로 나아간다. 걱정을 나 혼자 간직한다. 그러나 내면에서는 이런
감정이 곪아 터지면서 기쁨이 죽고 평화를 빼앗긴다. 이런 감정의
원인은 내 뇌의 화학작용과 어린 시절에 그 답이 있으리라. 정신
건강 전문가들에게 좋은 소재일 듯하다. 그렇다. 나는 이 가치 있
는 길을 계속 탐색해 나갈 것이다.

그러나 내가 또한 깊이 아는 바는, 나에게 관점이 필요하다는
것이다. 단순히 "이 또한 지나가리라", "네가 받은 복을 세어보라",
"긍정적인 것에 집중하라"가 아니다. 나 자신과 근심을 더 큰 맥락
에 두어야 한다. 구체적으로는, 하나님과의 관계 속에 두어야 한
다. 하나님의 맥락 안에서만 진정한 관점을 가질 수 있다.

『목적이 이끄는 삶』The Purpose Driven Life을 쓴 릭 워렌Rick Warren은,
"걱정은 하나님이 옆으로 밀려났다는 것을 알리는 경고등"[1]이라고
했다. 정말 그렇다. 보통, 하나님을 대신하는 것은, 세상, 그러니까
여기 아래에 있는 모든 것이다. 온갖 잡다한 일, 모든 걱정. 이 관
찰은 죄책감을 더하거나, 더 무너뜨리기 위함이 아니다. 하나님이

우리를 만드셨다. 그분은 우리가 인
간임을 아신다. "우리가 단지 먼지
뿐임을 기억하심이로다"시103:14. 그
러나 우리의 시선이 자신 너머, 더
높이, 영원한 곳에 고정될 때, 상황

> 우리의 시선이
> 자신 너머, 더 높이,
> 영원한 곳에 고정될 때,
> 상황은 나아진다.

은 나아진다. 우리가 그 관점을 항상 가질 수는 없다. 그러나 그
관점을 가지는 것은 특별한 선물임이 분명하다.

> 내가 산을 향하여 눈을 들리라
> 나의 도움이 어디서 올까
> 나의 도움은 천지를 지으신 여호와에게서로다
> _시편 121:1-2

나는 〈TODAY Show〉투데이 쇼를 처음 진행한 날, 이 시편으로
기도했다. 2012년 7월 중순, 월요일 아침이었다. 나는 상당히 긴
장했다. 완전히 겁에 질러 있었다. 그 프로그램이 큰 어려움을 겪
는 시기에, 내가 새로운 일을 맡게 됐다. 나는 급하게, 예상치 못하
게, 논란 중에 그 자리를 제안받았다. 얼마 못 가서 상관들이 잘못
선택했다는 걸 깨닫거나, 시청자들이 나를 거부할 거라고 확신했
다. 매의 눈으로 나를 지켜보는 세상의 눈길을 느꼈다. 첫 방송 전,
일주일 동안 나는 거의 먹지 못했다. 스트레스가 몸에 나타난다는

걸 증명하듯, 나는 그 첫날 아침에 앞이 안 보일 정도로 심한 편두통에 시달렸다. 몸이 너무 힘들어서, 방송 20분 전, 불을 끄고 사무실 바닥에 누워 있었다. 제작자들과 다른 진행자들이 내가 괜찮은지 보려고 조심스레 문을 두드렸다.

물론 나는 기도했다. 그리고 어느 순간, 하나님이 나에게 그 성경 말씀을 주셨다. 몇 년 전에(앞에서 말한, 성경 공부에 열심히 참여했던 시기에) 암송했던 말씀이었다. 갑자기, 그 말씀이 딱 맞춰, 내가 필요로 할 때 기억났다. "내가 산을 향하여 눈을 들리라 나의 도움이 어디서 올까 나의 도움은 천지를 지으신 여호와에게서로다." 안도했다. 하나님이 나와 함께하신다. 그분이 나를 지키신다. 나는 혼자가 아니다. 무슨 일이 일어나도, 나는 결코 혼자가 아니다. 하나님이 나를 이 순간으로 인도하셨고, 지금 나를 버리지 않으신다.

시편 기자가 고백한 것을 실천할 때 큰 지혜와 위안이 온다. 위를 보고, 멀리 보고, 저 너머를 바라보라. 그러면 무엇이 보이는가? 산과 높은 곳에서 오는 도움. 구해주신다. 가장 높은 곳에서 호산나. 우리는 하나님을 본다. 그분이 누구신지, 그분의 본질, 그분의 성품, 그분의 방법을 본다. 그분이 책임지시고 통제하고 계심을 본다. 그분이 집중하시고 주목하고 계심을 본다. 우리는 본다. 하늘에서와 같이 땅에서도 창조자시며, 창조주시며, 저자이시며, 공급자이신 그분을 본다. 하나님이 거기에 계시며, 하나님은 선하시다.

관점. 하늘을 보는 관점이다.

불안한 생각이 압도한다면, 부정적인 생각이 괴롭힌다면, 내가 하늘을 보는 그 관점을 모두 잊었다는 확실한 신호다. 하나님이 누구시고, 그분이 무엇을 약속하셨는지를 잊었다. 나는 올려다보아야 한다. 그분을 찾아야 한다. 내 영혼이 쇠할 때, 이 진리를 찾기 위해 하늘을 바라보아야 한다.

하나님이 내 결점의 심판자시며, 자비를 약속하신다.

하나님이 나의 안전과 보호를 책임지시며, 영원한 생명을 약속하신다.

하나님이 내 마음과 안녕을 지키시는 분이며, 나를 비롯해 그가 만드신 모든 것에 다정히 사랑의 친절을 베푸신다.

우리 아들 찰리가 두 살 때, 나한테 장난감 기차를 던졌다. 나쁜 의도는 없었다. 고전적인, 유아의 '과학 실험'이었다. 이 뾰족한 물체를 엄마 얼굴을 향해 던지면 무슨 일이 일어날까? 답: 아플 것이다. 그 기차는 앞쪽에 말도 안 되게 뾰족한 장치가 붙어 있는, 터무니없이 무거운 장난감이었다. 아이들이 가지고 놀기에 재미있고 눈을 찌르기에 완벽했는데, 실제 그랬다. (여담: 우리는 실제로 그 기차를 몇 년 동안 갖고 있었고, 아이들은 그걸 '무기'라고 불렀다.)

간단히 말해, 나는 그 기차 때문에 망막에 큰 상처를 입었고,

> 우리가 아래를
> 바라보고, 내면을
> 너무 많이 바라볼 때,
> 많은 것을 놓친다.

한동안 한쪽 눈 시력을 잃었다. 여러 차례 수술을 받았는데, 한번은 일주일간 온종일(밤에도) 몇 시간씩 엎드려 있어야 했다. 나는 네일샵에서 볼 수 있는 마사지 의자를 빌려서 머리를 아래로 묻은 채 엎드려 지냈다. 책을 읽고, 팟캐스트를 들었다. 작은 손거울을 사서, 각도를 기울여 아이들의 얼굴을 볼 수 있었다. 마사지 의자에 얼굴을 묻은 채 긴 시간을 보냈다. 지루했다. 외로웠다(계속 아래를 보고 있으면 목이 아프다). 눈 맞춤이 그리웠다. 미소가 그리웠다. 사람들과의 관계가 그리웠다.

은유적인 표현임을 밝힌다. 우리가 아래를 바라보고, 내면을 너무 많이 바라볼 때, 많은 것을 놓친다. 한 친구의 시아버지는 매년 생일마다 같은 소원을 비신다. 촛불을 불 때 손주들이 "무슨 소원을 비셨어요?" 하고 물으면, 대답은 항상 같다. "관점을 주시도록 구했지." 얼마나 지혜로운 생일 소원인가(나도 따라 하고 있다).

물론 우리는 현실 세계에서도 살고 있다. 행복한 황홀경 상태로 항상 걸어 다닐 수는 없다. (특히 나는 말 그대로, 시력이 나빠서, 여기저기에 부딪힐 것이다.) 그러나 우리의 눈을 들어 시선을 하늘에 고정하는 것은 합리적이고 실용적이다. 우리 영혼은 우리 눈과 마찬가지로 지엽적인 시야를 가지고 있다. 우리는 주위에서 일어나는 일과 그것을 어떻게 헤쳐 나가야 하는지를 안다. 그러나 하늘의 관점으로 보면 거기에 사로잡히지 않는다. 압도되지 않는다. 하늘을 바라볼 때, 우리는 하나님을 본다. 우리를 돌아보고 계신 그분을.

어린 시절의 오래된 이 찬양을 사랑한다.

> 눈을 들어 주님을 바라보라
> 그분의 놀라운 얼굴을 온전히 보라
> 그러면 신기하게도 세상의 것들은 희미해지리
> 그분의 영광과 은혜의 빛 가운데[2]

마음이 괴로울 때, 우리가 위를 보고, 바깥을 바라볼 수 있도록 기도하자. 시간과 공간을 아우르는 관점, 순간이 아닌, 장구한 세월의 의미를 다루어낼 수 있는 관점을 위해 기도하자. 하나님의 눈, 그분의 시선으로 볼 수 있도록.

예수께서… 눈을 들어 하늘을 우러러 이르시되

_요한복음 17:1

Blank Place. Quiet. Nothingness.

This is
where God has the greatest opportunity to do his thing.

15장

'나'라는 채널 구독을 해지하다

20대 후반부터 거의 10년 동안, 어머니는 매년 내게 같은 크리스마스 선물을 사주셨다. 어머니는 정성스럽게 포장하셨지만, 그 선물은 일관된 크기, 모양, 무게 때문에, 크리스마스 트리 아래에서 쉽게 알아볼 수 있었다. 산뜻하고 반짝이는 비닐에 싸인, 이름하여 '나날을 지나는 여정'이라는 일기장이다. 물론 엄마가 크리스마스 선물로 그것만 주신 건 아니었다. 부츠나, 내가 부탁한 유명 브랜드 청바지나, 내가 원하는지도 몰랐던 통기타를 받기도 했다 (엄마는 뛰어난 직관력으로 선물을 주시는 분이다!). 하지만 그 일기장은 우리 사이의 전통, 특별한 것, 유대감을 나타내는 선물이었다. 일기장을 통해, 엄마는 어른이 된 내가 하나님과 동행하도록 격려하고, 상기시키고, 촉구하셨다.

우리 어머니는 수년 동안 같은 일기장에 희망과 깨달음, 실망과 걱정을 기록해 오셨다. 나는 여전히 어머니의 엉망인 필기체가 일기장 페이지의 모든 구석을 가득 채우는 걸 본다. 어머니는 매일 충실하게 글을 쓰셨다. 가끔 나는 어머니의 가장 깊은 부분에 들어가는 통찰을 얻고 싶어 어머니의 일기장을 엿보고 싶었지만, 그렇게 하지 않았다. 그 신성하고 사적인 공간을 염탐하면, 어머니의 사생활을 침해하는 것 같았다. 또한, 거기서 무엇을 발견하게 될지 두려웠다.

그 일기장은 기독교인을 위한 것이었다. 일주일의 각 날에는 그날의 메시지처럼 특정한 성경 구절이 적혀 있었고, 빈 곳에는 묵상을 적을 수 있었다. 다른 페이지에는 평온한 자연 사진과 영감을 주는 인용문들이 가득했다. 그 때문에 아마 내가 영적 일기장으로 사용했으리라. 일상의 사건이나 직장, 학교, 데이트에서 개인적으로 있었던 일은 기록되어 있지 않다(다행히도!). 포괄적으로, 날 것 그대로, 솔직하게, 그리고 대개는 괴로워하며 하나님과 나눈 대화들이다. 이것을 기도라고 부를 수 있을 것이다.

하나님은 우리에게 "그의 앞에 마음을 토하라"시62:8고 말씀하신다. 나는 정말로 그렇게 했다.

삶을 돌이킬 수 없을 정도로 망쳤다는 절망에서 저를 건져내 주세요. 도와주세요. 구해주세요. 그것만 해주시면 돼요. 그게 다예요. 저를 풀어 주세요. 인도해 주세요. 보여주세요. 저는 명확히 할 수 없어요.

내가 쓴 글을 지금 다시 읽으니 민망하다. 이렇게 자기중심적이고 관점이 부족했다니 참 '놀랍다'(좋은 의미에서가 아니다). 하지만 하나님은 완벽한 말이나 경건한 칭송을 찾고 계시지 않는다. 가식과 위선을 찾지 않으신다. 그분은 엉망인 상태를 찾고 계신다. 즉, 우리를 찾고 계신다.

일기장은 모든 것을 드러낼 수 있는 공간이다. 좋은 것, 나쁜 것, 추한 것, 그리고 더 추한 것까지. 하나님은 우리가 감정을 부인하거나 무시하지 말고 하나님의 존재 안에서 처리하도록 요청하신다.

나는 하나님께 말하지 못할 것이 없다고 믿는다. 사실, 시편을 읽었기 때문에 그것을 확신한다. 시편은 절망, 두려움, 좌절, 불안, 공황, 분노, 그리고 진노가 담긴 역작이다. 어떤 면에서 일종의 '일기'다.

> 하나님은 가식과 위선을 찾지 않으신다. 그분은 엉망인 상태를 찾고 계신다. 즉, 우리를 찾고 계신다.

무릇 나의 영혼에는 재난이 가득하며 나의 생명은 스올에 가까
웠사오니

나는 무덤에 내려가는 자 같이 인정되고 힘없는 용사와 같으며

죽은 자 중에 던져진 바 되었으며 죽임을 당하여 무덤에 누운
자 같으니이다 주께서 그들을 다시 기억하지 아니하시니 그들
은 주의 손에서 끊어진 자니이다

주께서 나를 깊은 웅덩이와 어둡고 음침한 곳에 두셨사오며

주의 노가 나를 심히 누르시고 주의 모든 파도가 나를 괴롭게
하셨나이다

주께서 내가 아는 자를 내게서 멀리 떠나게 하시고 나를 그들에
게 가증한 것이 되게 하셨사오니 나는 갇혀서 나갈 수 없게 되
었나이다

곤란으로 말미암아 내 눈이 쇠하였나이다 여호와여 내가 매일
주를 부르며 주를 향하여 나의 두 손을 들었나이다

여호와여 어찌하여 나의 영혼을 버리시며 어찌하여 주의 얼굴
을 내게서 숨기시나이까

내가 어릴 적부터 고난을 당하여 죽게 되었사오며 주께서 두렵
게 하실 때에 당황하였나이다

주의 진노가 내게 넘치고 주의 두려움이 나를 끊었나이다

이런 일이 물 같이 종일 나를 에우며 함께 나를 둘러쌌나이다

주는 내게서 사랑하는 자와 친구를 멀리 떠나게 하시며 내가 아
는 자를 흑암에 두셨나이다

_시편 88:3-9, 14-18

때때로 시편을 읽으면 나에게 일어나는 일이나 편협한 내 수준에 대해 기분이 한결 나아진다.

나는 10년 넘게 일기를 계속 썼다. 하지만 어느 시점엔가 '나날을 지나는 여정' 일기장은 출간되지 않았고, 어머니의 작은 크리스마스 전통은 사라졌다. 한동안 나는 공책에 끄적거리며 여기저기일기를 썼지만, 결국은 거의 모든 글쓰기를 중단했다.

그건 우연이 아니었다. 나는 NBC 방송국에서 맡은 새로운 일을 해내느라 바빴다. 그리고 나의 사생활은 처참하게 무너지고 있었다. 간신히 버티고 있었다. 내 영혼 깊은 곳을 살필 시간이 없었고, 어쨌든 거기서 좋은 것을 찾을 수도 없었다. 나는 나에 관한 관심을 끊었다. 나라는 채널의 '구독'을 '해지'했다. 나는 일기장들을상자에 싸서 다락방에 처박아 두었다(이번에도 은유적 표현임을 알린다!). 그리고 몇 년 동안 그것들을 보거나 생각하지 않았다. 잊지않았지만, 나는 바빴다.

삶은 계속되었다. 여러 해가 지났다. 뉴욕으로 이사해서〈TODAY〉의 새 일을 시작했고, 결혼했고, 아이 둘을 낳았다. 도대체 누가 자리에 앉아서 옛날 일기장을 뒤져가며 자기 발견을 할시간이 있겠는가? 그리고 설령 시간을 낸다 해도, 어머니의 일기장에 대해 느낀 것과 다르지 않게, 거기서 무엇을 발견하게 될지 조금 두려웠다.

그러나 최근에 나는 계단을 터덜터덜 올라가 플라스틱 상자의 먼지를 털기로 결심했다. 일기장을 읽기 시작했다.

일기는… 어마어마했다. 과거의 안 좋았던 기억, 불안과 고통으로 점철된 시간들, 나의 부족함, 외로움, 두려움, 고백을 찬찬히 그리고 낱낱이 보여주었다. 무엇보다도, 죄책감이 가득했다. 너무 많은 죄책감으로 채워져 있었다. 산만함에 대한 죄책감, 얄팍함에 대한 죄책감, 야망에 대한 죄책감. 군중 속에 섞인 데 대한 죄책감, 신앙이 앞으로 나아가지 않음에 대한 죄책감. 일기를 쓰지 않는 것에 대한 죄책감. 기도하지 않는 것 또는 성경 공부를 하지 않는 것에 대한 죄책감. 좋은 시절엔 하나님을 무시하다가 마음이 산산이 깨지고서야 다시 돌아온 것에 대한 죄책감. 하나님의 계명을 지키지 않은 것에 대한 죄책감. 그 계명을 지키고 싶지 않은 것에 대한 죄책감.

오래전의 일이다. 나는 많이 잊어버렸다. 내가 어떻게 느꼈는지, 얼마나 하나님을 두려워했는지 잊어버렸다. 하나님을 기쁘시게 하고 그분의 길을 따르고 싶었지만, 나를 향한 하나님의 계획이 "굴욕과 고통스러운 교훈"(실제 일기장에 적혀있던 표현이다)으로 이끌 거라고 깊이 의심했다. 그 두려움 때문에, 나는 착한 아이가 되려고 노력했고, 좁은 길을 걸으려 분투했다.

물론, 경건함이나 완벽함은 내게 너무 어려웠다. 나는 하나님이 내 잘못을 훈육하지 않고 눈감아 주시길, 다른 이들의 더 나쁜 사례를 다루시길 바랐다. 내가 '좋지 않아도 나쁘진 않은' 쪽에 머무는 한, 나를 벌하시거나, 내가 즐기는 편안함이나 갈망하는 성공을 빼앗지 않으시리라. 나는 이 강하고 무서운 힘을 가진 하나님을 통제하려 들었다. 입술로는 하나님의 선하심과 인자하심을 말하고, 아침이면 하나님을 진심으로 기쁘게 찬양했지만, 사실, 날마다 내가 쓰는 글에는 나의 진짜 감정이 담겼다. 하나님이 나에게 바라시거나 날 위해 계획하신 것은 고통스럽거나 나를 희생시키거나 유쾌하지 않을 거라고 은밀하게 의심했다. 자신의 과거와 마주하는 것은 독특하게 가슴 아프고 계시적이다.

• • •

주님, 우리 사이에 벽이 있는데요, 그건 불신의 벽입니다. 주님, 그 벽을 허물고 나를 주님께 가까이 이끌어 주세요.

하나님에 대한 "불신의 벽"이 있다고? 솔직히, 내가 그렇게 느꼈다는 것을 잊어버렸다. 어떻게 바뀌었을까? 하나님에 대한 인식이 어떻게 그렇게 극적으로 바뀌었을까?

간단히 말하면, 당장, 겉으로 드러나게, 내가 상상할 수 있는 방식으로 바뀐 게 아니었다. 천사들이 내려오거나, 마음에 초자연적인 변화가 일어난 것도 아니었다. 놀랍고 신기하게도, 내가 가장 두려워하던 일련의 사건들, 일기장에 적었던 바로 그 "굴욕과 고통스러운 교훈"을 통해, 하나님을 신뢰하도록 가르치셨다는 걸 이제는 안다. 하나님은 그 사건의 원인을 제공하시진 않았지만, 그 모든 것을 사용하셨다.

그런 표현을 기록한 때와, 수십 년 후 그 일기를 다시 읽는 시점 사이에 일어난 모든 일을 생각했다. 한마디로 인생이었다. 좋은 일도 있었고, 정말 힘든 일도 있었다. 내가 초래한 재앙들, 실망, 거리감도 있었다.

옛 일기장에서 깨달았다.

내가 하나님을 신뢰하게 된 것은, 끔찍한 일이 일어나지 않아서가 아니라, 일어났기 때문이었다. 엄청난 그리고 분명한 실패를 겪었을 때, 그리고 하나님이 거기 계셨을 때, 나는 하나님을 신뢰하게 되었다. 광야로 나가, 여러 해 동안 하나님과 나 자신으로부터 숨어 지냈는데(이따금 전화나 문자 정도만 하고), 여전히 하나님이 내가 돌아오길 기다리고 서 계시는 걸 보고, 하나님을 신뢰하게 되었다.

실제 나한테 일어난 나쁜 일들보다도, 불신의 근원, 즉 나쁜 상황에 대한 '두려움', 재앙과 운명에 대한 '두려움'이야말로 훨씬 더 나쁘다는 것을 깨달았다. 왜냐하면 두려움은 한 가지 중대한 요인, 바로 다정하게 구원을 베푸시는 하나님의 존재를 항상 간과하기 때문이다.

> 두려움은 한 가지 중대한 요인, 바로 다정하게 구원을 베푸시는 하나님의 존재를 항상 간과하기 때문이다.

두려움은, 하나님이 가까이 계시며 하나님께서 모든 일을 선하게 인도하신다는 사실을 잊는 데에서 비롯된다. 꼭 긍정적인 결과나 희망적인 상황이 아니더라도 말이다. 안락한 삶을 하나님이 반대하시진 않지만, 하나님의 주된 목표는 그것이 아니다. 시간이 지나면서, 하나님은 우리가 하나님과 더 친밀해지도록 모든 일을 이끌어 가신다. 하나님의 궤적은, 우리가 하나님과 친밀감과 교감을 더 많이 나누는 방향으로 이어진다. 그것뿐이다. 정말 단순하다.

> 그는 흉한 소문을 두려워하지 아니함이여 여호와를 의뢰하고
> 그의 마음을 굳게 정하였도다
> _시편 112:7

． ． ．

뭐든지 듣기만 해서는 깊이 배울 수 없다. 자신이 직접 보아야
한다.

나는 옛 일기장을 들춰보면서 그것을 보았고, 영적 과거를 들
춰보면서 내 삶에 역사하시는 하나님을 깨달았다. 성숙하고 온전
한 관점을 가지고 긴 시간 여정에 일어난 사건들을 살펴보면, 하나
님이 사건들을 어떻게 보시는지를 가장 가까이 이해하게 된다. 우
리는 하나님께서 어떻게 일하시는지, 그리고 하나님이 어떻게 기
도에 응답하시는지를 볼 수 있다. 그분은 결코 멀리 계시지 않는
다^{행17:27}. 우리가 발걸음을 선택하지만(잘못된 걸음도 택하지만), 하나
님이 우리의 운명을 정하신다. 하나님은 우리를 지켜보시고, 인도
하시며, 우리의 기도를 들으신다. 하지만, 그분은 긴 호흡의 경기
를 하신다.

크고 이해하기 어려운 신비이다.

이것이 체스_{chess} 게임과 비슷하다는 생각이 든다. 나는 체스를
배운 지 사십여 년 만에, 다시 체스를 배우고 있다. 초등학교 6학
년 때, 체스 클럽에서 잠시 활동했지만, 규칙과 전략에 대한 개념
을 오래전에 잊어버렸다. 유치원생인 아이가 나를 가르치고 있다.

아들은 답답해하며, 어떤 말을 어디로 움직일 수 있는지, 각 말들이 뭘 할 수 있는지 설명한다("비숍은 대각선으로 움직여요."… "폰은 직진으로 공격할 수 없어요!"… "체크메이트를 당했어요, 엄마.").

게임에 대한 감각이 서서히 돌아오고 있지만, 처음 몇 라운드 동안 여섯 살짜리 아들에게 번번이 졌다. 나는 아이의 함정에 어수룩하게 걸어 들어가 체크메이트 되었고, 아이가 신나게 내 킹을 넘어뜨리는 걸 봤다. 이렇게 어린아이도 승리로 가는 명확한 나의 경로를 알아차리고, 매번 나의 움직임에 대응할 수 있다.

갑자기(드디어?), 다시금 깨달았다. 체스에서는 약간의 전략이 필요하다. 우리는 몇 수 앞서 승리를 준비해야 한다. 승리로 가는 경로를 보고, 그 방향으로 움직이기 시작해야 한다. 빠르게 끝내기 위해 무모하게 움직이지 않는다. 상대방이 그 움직임을 본다. 우리는 인내하면서 위치를 잡아야 한다. 상대방의 수를 예측하고, 그에 따라 나의 수를 생각해야 한다. 여러 수를 앞서 계획해야 한다.

어떤 면에서, 하나님은 최고의 체스 고수이시다. 그분은 우리보다 무한한 수를 앞서 보신다. 그러나 그분의 목표는 완파하는 게 아니다. 하나님의 승리의 수는 우리를 그분께 가까이, 더 가까이 이끄시는 것이다.

. . .

내 일기장은 영혼의 일순간을 포착한 오래된 폴라로이드 사진
이었다. 고통과 두려움, 좌절과 포기가 담겨 있었다. 하지만 희망
과 진리도 있었다. 나는 그 음울한 페이지에서 보석을 발견했다.
절망으로 가득한, 주변 모든 항목을 고려해 볼 때, 그것은 눈에 띄
게 명확하고 확실해 보인다. 아마도 하나님은 때때로 번개를 치시
지만, 그냥 명확하게 말씀하시는지도 모른다. 왜냐하면 그게 여기,
펜과 종이에 있기 때문이다. 이것을 내가 진정으로 믿기까지 시간
이 상당히, 꽤 오래 걸렸다.

진실은, 당신이 나를 사랑하시고, 보호하시고, 내게 필요한 것
을 공급하시고 내 마음의 갈망을 채우신다는 것입니다. 당신만
이 내게 가장 좋은 것, 내가 가야 할 길을 아십니다. 당신만이
내 마음을 아시고… 내 마음을 부드럽게 대하십니다. 당신만이
나를 기뻐하시고, 즐거워하시며, 자랑스러워하십니다. 당신은
나의 진정한 아버지입니다. 당신은 결코 나를 때리거나, 굴욕을
주거나, 잘못된 길로 이끌거나, 아무렇게나 나의 기쁨과 행복을
거부하지 않으십니다. 당신은 나를 용서하시고, 나를 값 주고
사셨습니다. 나는 당신의 가족이 되었으며, 우리는 피로 맺어
진, 끊을 수 없는 관계입니다. 당신은 결코 나를 버리지 않으시

며, 싫증 내지 않으십니다. 당신은 결코 나에 대한 마음을 바꾸지 않으시며, 당신의 사랑은 변하지 않습니다. 당신은 내가 누군지 또는 내가 무엇을 했는지 때문이 아니라, 당신이 누구신지 때문에 나를 사랑하십니다. 당신은 고난의 때에 나를 긍휼히 여기시고 나를 구하러 오십니다. 당신은 나의 안녕과 정신 건강에 관심을 기울이십니다. 당신은 내가 행복한지, 외로운지, 슬픈지 세심히 살피십니다. 당신은 나를, 내 모든 움직임을 지켜보시며, 모든 호흡을 함께 하십니다. 나는 당신의 귀하디귀한 자녀입니다. 당신은 나를 맹렬히 보호하십니다. 당신은 나와 함께 서며, 나를 위해 일어나 이렇게 말씀하십니다. "너는 내 것이야."

Blank Place, Quiet, Nothingness.

This is
where God has the greatest opportunity to do his thing.

16장

믿음은 아름답다
(또는 신앙의 도식)

왜 믿음인가?

대체 왜 믿을까?

대답하기 난감하다.

도식으로 설명해 보면 어떨까?

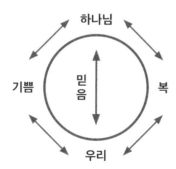

> 믿음. 그것에는
> 명확함과 신비가
> 동시에 존재한다.

이해되리라 믿는다.

농담이다. 여러분은 이 책을 사셨다. 글로 설명해 보겠다.

믿음. 그것에는 명확함과 신비가 동시에 존재한다. 답과 질문이 동시에 있다. 만족이 불만족과 함께, 기쁨이 절망과 함께 있다. 신성함과 인간적인 면이 함께 있다. 인생에서는 아무것도 현학적이거나 완벽하지 않다. 하지만 만약 믿음이 하나의 원이라면, 하나님, 우리, 신앙, 복, 기쁨이 모두 얽혀 있을 것이다. 우리 영혼의 유익을 위해 불가해할 정도로 적절하게, 모두 조화롭게 작동하는, 서로 연결된 선의 신성한 순환이 있을 것이다.

왜 믿음인가?

아름답기 때문이다.

• • •

"하지만 먼저, 커피"But first, coffee"라는 문구가 적힌 티셔츠나 머그컵, 현관 매트를 본 적이 있을 것이다. 이 유행은 정말 인기를 끌었다. 그래서 지금은 어디서나 볼 수 있다. '하지만 먼저, 요가', '하

지만 먼저, 피클볼pickleball*', '하지만 먼저, 테킬라tequila**'. [2]

만약 믿음이 대형 마트에서 살 수 있는 장식 쿠션이라면, 그 문구는 "하지만 먼저, 믿음"일 것이다.

(신학적으로 깊은 분들께 여담: 그렇다. '하지만 먼저, 하나님'이 맞다[요 6:44]. 하지만 난 그저 인간의 관점에서 말하는 것이다. 왜냐하면, 흠, 내가 다른 어떤 관점에서 말할 수 있을까?)

이건 분명한 것 같다. 믿음은 하나님과의 관계에 선행되는 조건이다. 하지만 실제로 믿음은 우리 인간의 모든 본능, 그러니까 증명을 요구하는 형태로 자신을 보호하려는 충동과 상충한다. "직접 내 눈으로 보아야 믿겠다"는 가치를 지닌, 현대 세계를 살아가는 우리에겐 특히 더 그렇다. 하나님과 함께하는 것은 그와 반대된다. 믿음이 먼저이고, 그다음에 볼 수 있다.

신약 성경에 나오는 유명한, 눈먼 자가 치유되는 이야기에서, 글자 그대로, 그 순서대로 기적이 일어났다막10:46-52. 거지 바디매오가 길에서 예수님께 자비를 구하며 크게 소리쳤다. 그가 외치는 소리가 너무 크고 귀에 거슬리자, 군중은 조용히 하라고 했다. (둘러싼 온 무리가 그의 외침을 조롱하는 모습을 상상해 보라.)

---

* 배드민턴, 탁구, 테니스를 결합한 스포츠
** 독한 술 이름

하지만 예수님은 가까이 다가오셨다. "당신에게 무엇을 해주면 좋겠습니까?" 물으셨다.

눈먼 자가 대답했다. "선생님, 저는 보고 싶습니다."

그의 시력이 즉시 회복되었다.

"당신의 믿음이 당신을 낫게 했습니다"라고 예수님이 말씀하셨다.

믿음이 먼저고, 그다음에 볼 수 있다.

그들이 묻되 우리가 어떻게 하여야 하나님의 일을 하오리이까
예수께서 대답하여 이르시되 하나님께서 보내신 이를 믿는 것
이 하나님의 일이니라 하시니

_요한복음 6:28-29

왜 그런지는 모른다. 우리가 믿음을 향해 한 걸음 내디디면, 갑자기 새로운 깨달음이 보인다. 이전에 숨겨져 있던 순간들을 보게 된다. 감정적으로나 지적으로 모든 것이 이해되기 시작한다. '믿음의 도약'이라고 부르는 데는 이유가 있다. 우리는 안전하고, 잘 알고, 증명할 수 있는 것을 벗어나 신성한 영역으로 들어가야 한다.

마가복음에 나오는 절망적인 아버지가 아들을 위해 그랬다. 위험을 무릅쓰고 아들을 예수님께 데려가, 고쳐 주시도록 부탁했다.

그러나 무엇을 하실 수 있거든 우리를 불쌍히 여기사 도와 주옵
소서 예수께서 이르시되 할 수 있거든이 무슨 말이냐 믿는 자
에게는 능히 하지 못할 일이 없느니라 하시니 곧 그 아이의 아
버지가 소리를 질러 이르되 내가 믿나이다 나의 믿음 없는 것을
도와 주소서 하더라

_마가복음 9:22-24

우리가 믿을 때, 믿음과 불신이 불완전하게 섞여 있더라도, 놀
라운 일이 일어난다. 우리의 영혼이 날아오를 가능성이 생긴다.

• • •

예수를 너희가 보지 못하였으나 사랑하는도다 이제도 보지 못하
나 믿고 말할 수 없는 영광스러운 즐거움으로 기뻐하니

_베드로전서 1:8

나는 항상 "말할 수 없는 영광스러운 즐거움"이라는 구절을 사
랑했다.

("말할 수 없는". 보이는가? 복음서 저자들은 도식을 사용해서 표현하지
않았던 것 같다. 비단 나만 이 작업에 겁을 먹고 있는 게 아닐 거다.)

신성한 즐거움. 그것은 우리가 이 세상의 아름다움을 만날 때,

그리고 창조주를 미묘하게 알아볼 때 느끼는 황홀한 감정이다. 물론 그런 경험을 한다. 우리가 아는 그분을 만난다.

나는 계절의 변화를 사랑한다. 봄만 좋아하는 건 아니다. 뭐랄까, 물론 봄은 분명히 가장 좋은 때다. 새로운 생명이 솟아나고, 잎과 꽃봉오리들이 밤새 돋아나며, 다가오는 온기를 알린다. 나는 모든 계절의 변화를 좋아한다. 봄에서 여름으로, 학기를 마치고 일정이 끝나며 자유로운 느낌이 신선하고 새롭다. 여름 끝 무렵, 공기 중에 상쾌함을 느끼고, 바람 속에 변화와 가능성을 느끼기 시작한다. 가을에서 매서운 겨울로 가는 변화도 어떤 가능성의 힘이 있다. 고정된 틀을 벗어나 새로운 관점이 필요할 때면, 계절이 우리를 앞으로 나아가게 한다. 자연의 리듬에서 하나님을 본다.

자연 세계의 장관, 예술이나 음악의 탁월함, 인간의 친절한 행위 등, 아름다움은 하나님의 사랑의 언어다. 아름다움은 그분의 명함이다. 우리는 모두 그것에 반응하도록 설계되었다. 어떤 형태로든 아름다움을 목격할 때, 그 창작자를 알아보고, 말할 수 없는 영광스러운 즐거움으로 가득 찬다.

하지만 신앙의 즐거움은 그저 일시적이고 감정적인 황홀경이나, 멋진 오페라나 테일러 스위프트의 에라스 투어Taylor Swift Eras tour*

에서 느낄법한 고양된 기분이 아니다. 그것은 지적인 기쁨으로, 새롭고 놀라운 것, 사고를 자극하고 도전적인 것을 이해하는 흥분과 전율이기도 하다.

나는 엠마오로 가는 길에서 예수님을 만난 두 제자 이야기를 항상 떠올린다눅24:13-35. 그 제자들은 함께 이야기 나누며 걷던 분이 예수님이셨다는 것을, 몇 시간이 흘러 저녁 식사에서 빵을 떼실 때야

> 신성한 즐거움.
> 그것은 우리가
> 이 세상의 아름다움을
> 만날 때, 그리고
> 창조주를 미묘하게
> 알아볼 때 느끼는
> 황홀한 감정이다.
> 물론 그런 경험을 한다.
> 우리가 아는 그분을
> 만난다.

비로소 알아차렸다. 그들은 놀라워했다. "길에서 우리에게 말씀하시고 우리에게 성경을 풀어 주실 때에 우리 속에서 마음이 뜨겁지 아니하더냐?" 하고 물었다32절. 나는 그들의 표현 방식을 좋아한다. '우리 속에서 마음이 뜨겁다.' 우리 마음과 지성이 자극받고 도전받는 것, 이것 역시 믿음의 아름다움의 한 부분이다.

• • •

---

* 미국 유명 팝 가수의 공연

최근에 알게 된 친구, 포피Poppy가 어느 주일 아침, 교회에서 집으로 돌아가는 길에 이 문자를 나한테 보냈다. 목사님께 들은 인용문으로 나를 놀라게 하는 친구가 있다는 건 또 다른 기쁨이다. 자신의 취약함을 알고 우리가 아는 사람들과 깊은 대화를 나누며 거기서 영적으로 교감할 수 있다는 건 신앙의 선물 중 하나다.

나는 사십 대에, (팔십 대와 구십 대인) 새로운 두 친구를 알게 됐다. 그들은 놀랍고 기쁘게도, 전 상원의원인 밥 돌Bob Dole과 엘리자베스 돌Elizabeth Dole 부부이다. 엘리자베스 여사님('엘리자베스 상원의원')이 참전 용사 간병인들을 돕는 캠페인의 홍보대사를 맡아달라고 내게 요청하셨다. 우리는 함께 일하기 시작했고, 행사 등을 진행했다. 하지만 우린 곧 단순한 동료를 넘어 친구가 되었다. 그리고 돌 부부는 우정에 있어 아주 노련한 전문가였다. 내가 전혀 예상치 못할 때 전화하시고, 이메일 보내시고, 책이나 선물을 보내주셨다. 신앙 서적을 보내주셔서 감사하다고 전화를 드리자, 여사님은 "신앙을 공유하는 우정이 최고의 우정이라 생각한다"고 말씀하셨다. 팬데믹 기간 동안, 우리는 밥과 엘리자베스 상원의원과, 그들이 키우는 개 두 마리와, 우리 집 꼬마 둘까지 함께 영상통화도 했다. 굉장히 시끌벅적했다. 몇 년 전, 밥 상원의원이 98세의 연세로 돌아가셨을 때, 나는 2차 세계대전 기념관에서 열린 장례식에서 연설하는 영광을 얻었다. 물론 나는 그분의 용감하고 이타적인 군사적 용맹을 이야기했다. 하지만 나는 이 말도 했다. "밥 돌 의원이 제게 주신 가르침은, 새로운 친구를 사귀기에 너무 늦은 때는 없다는 것입니다."

신앙의 기쁨은 마음, 정신, 영혼을 위한 것이다. 하나님이 주시는 가장 큰 복 중 하나다.

여호와로 인하여 기뻐하는 것이 너희의 힘이니라
_느헤미야 8:10

• • •

복에 대해 말해 보자면…
복된 하루 보내세요!
복을 너무 많이 받아서, 스트레스를 받을 수가 없다!

저 사람 마음을 축복해.*

예전에는 '축복'bless이라는 단어가 주로 재채기에 대한 인사말에서만 쓰였다.** 최근에는 다른 일상어에서도 쓰인다. 바리스타가 라떼를 건네며, "복된 하루 보내세요!"라고 말할 수 있다. 티셔츠에 '복을 너무 많이 받아서, 스트레스를 받을 수가 없다!'고 적혀 있기도 하다. 지나가던 남부 여인이 당신의 초라한 옷차림을 살짝 비웃으며 자기 친구들에게, "저 사람 마음을 축복해."라고 말할 수도 있다. (이런 식으로 미화된 모욕을 받은 적이 없다면, 참 복 받은 거다.)

우리는 요즘 여기저기서 축복받는다!

만군의 여호와가 이르노라 너희의 온전한 십일조를 창고에 들여 나의 집에 양식이 있게 하고 그것으로 나를 시험하여 내가 하늘 문을 열고 너희에게 복을 쌓을 곳이 없도록 붓지 아니하나 보라
_말라기 3:10

이것은 하나님이 내놓으신 대담한 약속이다. 하지만 신앙의 맥

---

* "저 사람 참 안됐다."라는 의미
** 미국에선 재채기하는 사람에게 건강과 안녕을 기원하며 'God bless you'라고 말해주는 관습이 있음

락에서 복이란 무엇을 의미할까? 그것은 물질적인 것, 세속적인 번영을 가리키지 않는다. 분명히 더 영적인 성격의 복을 의미한다. 그렇지 않은가?

다시 한번, 성경에서 가장 유명한 구절 중 하나인 예수님의 말씀을 생각해 보자.

> 심령이 가난한 자는 복이 있나니 천국이 그들의 것임이요
> 애통하는 자는 복이 있나니 그들이 위로를 받을 것임이요
> 온유한 자는 복이 있나니 그들이 땅을 기업으로 받을 것임이요
> 의에 주리고 목마른 자는 복이 있나니 그들이 배부를 것임이요
> _마태복음 5:3-6

이 유명한 산상수훈 구절은 뒷부분도 더 있지만, 여러분은 충분히 이해했을 것이다. 여러분은 어떨지 모르지만, 나에게는 절망, 애통, 핍박이 복처럼 들리지 않는다. 그리고 더 즐거운 종류의 복을 요청하는 건, 때로 이기적이거나 응석 부리는 것 같다. 마치 하나님을 어마어마한 '현금 자동 지급기'ATM처럼 대하며, 요청하는 족족 들어주시기를 기대하는 것처럼 말이다.

최근에 나는 몇십 년간 읽지 않고 책장에 꽂아둔 작은 책에서 우연히 한 글귀를 발견했다. 그것은 완전히 새로운 관점을 주었다.

> 성경적 의미에서 복은 초자연적인 호의를
> 요청하거나 부여하는 것을 의미한다.
> 우리가 하나님께 복을 달라고 구할 때, 우리 스스로
> 얻을 수 있는 것 이상의 것을 요청하는 게 아니다.
> 우리는 오직 하나님만 아시고 주실 수 있는,
> 위대하고 무한히 선하심을 간절히 구하는 것이다.[1]
>
> _브루스 윌킨슨Bruce Wilkinson, 『야베스의 기도』The Prayer of Jabez

복을 구한다는 건 하나님을 더 많이 찾는 것임을 불현듯 깨달았다. 우리 삶에 그분이 더 많을 때 우리는 복을 받는다. 복의 의미를 이렇게 정의하니 성경의 어려운 구절들이 이해되기 시작한다. 왜 애통하거나 심령이 가난할 때 복을 받는가? 하나님이 우리필요의 깊은 곳에 계시기 때문이다. 우리는 그분을 더 많이 알게된다.

> 복을 구한다는 건
> 하나님을 더 많이
> 찾는 것임을
> 불현듯 깨달았다.

하나님께 복을 간구하는 것이 꼭 어떤특정한 결과에 대한 요청일 필요가 없다 (그렇게 기도해도, 물론 하나님이 들으신다!). 어떤 사람, 어떤 장소, 어떤 상황에 하나님의사랑이 넘치도록 간구하는 것이다. 사랑하는 누군가를 축복하는 기도를 할 때, 어떤

특정한 결과를 달라고 지시하는 게 아니라, 하나님이 그와 함께하시고 관여해 주시도록 부탁드린다. 직장이나 가정에 복을 달라고 기도할 때, 하나님이 나와 함께하시고, 하나님의 지혜와 사랑과 인내를 주시도록 기도한다. 하나님을 더 알게 해주시길, 하나님이 나와 함께하시길, 여러분과 함께하시길. 그것이 복이다.

다시 살펴보자.

여호와는 네게 복을 주시고 너를 지키시기를 원하며
여호와는 그의 얼굴을 네게 비추사 은혜 베푸시기를 원하며
여호와는 그 얼굴을 네게로 향하여 드사 평강 주시기를 원하
노라
_민수기 6:24-26

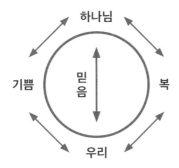

이제 이해되는가?

간단히 요약해 보자.

믿음은 아름답다.
하나님은 우리에게 복을 주신다.
그 복은 하나님 자신이시다.
그리고 그 복은 순수한 기쁨이다.

그리고 이 연결은 완전하다.

Whether it is the splendor
of the natural world,
the brilliance of art or
music, or an act of
human kindness—
beauty is God's love
language.

자연 세계의 장관,
예술이나 음악의 탁월함,
인간의 친절한 행위 등,
아름다움은 하나님의
사랑의 언어다.

Blank Place. Quiet. Nothingness.

This is
where God has the greatest opportunity to do his thing.

4부
은혜

GRACE

17장

강 아래로

자비는 억지로 베푸는 것이 아니다.
자비는 하늘에서 내리는 부드러운 비처럼 떨어진다.
자비는 주는 자와 받는 자 모두를 축복한다.[1]

_윌리엄 셰익스피어William Shakespeare

시간을 멈추고 싶다면, 어린아이들을 데리고 차를 타고 어딘가로 가보라. 2시간이면 갈 거리가 갑자기 10시간처럼 느껴질 것이다. 대부분 부모는 긴 도로 여행을 위해 뭘 준비해야 할지 알고 있다. 게임, 책, 그리고 가능하면 아이패드를 챙긴다. 100개 정도의 간식을 싼다(투덜대는 유치원생들은 과일을 '간식'으로 치지 않는다). 그리고 마음에 특별한 인내심을 장착한다. 여행 중 평정심을 유지하는

데 엄청난 시험을 받을 것이기 때문이다.

내가 살고 있는 뉴욕에서는 준비 없이 '긴 자동차 여행'을 맞닥뜨리곤 한다. 이런 교통 체증은 언제, 어디서든 갑자기 일어난다. (여기 운전자들의 말대로, "차선이 있지만, 아무도 차선을 신경 쓰지 않는다.") 차로 10분이면 가는 열다섯 블록이, 한 시간이나 걸린다. 여러분이 거기에 있다. 오락거리도, 간식도, 탈출구도 없이 갇혀 있다. 그러면 대화를 활기차게 이어가야 한다. 나는 '이거 좋아, 저거 좋아?' 게임을 좋아한다. 아이스크림이 좋아, 밀크셰이크가 좋아? 핫도그가 좋아, 햄버거가 좋아? 수영장이 좋아, 해수욕장이 좋아? 바다가 좋아, 산이 좋아? 스키가 좋아, 수영이 좋아? 축구가 좋아, 농구가 좋아? 농구가 좋아, 미식축구가 좋아? 미식축구가 좋아, 아니면… 이 게임은 정말, 진짜로 흥미롭다.

최근에 어머니가 오셨다가, 불행히도 계획치 않은 도심 교통 체증 체험에 동참하셨다. 내가 지루함을 달래려고 대화를 시작했고("요일 중에 좋아하는 요일 순위를 매겨보자. 화요일은 최악이야. 다들 그렇지?"), 다행히 어머니가 그 바통을 넘겨받아 자신이 어렸을 적, 지금 우리 애들 나이쯤에 겪었던 중요한 이야기를 들려주셨다. 여느 좋은 할머니 이야기처럼, 모험도 있고 도덕적인 교훈도 있었다. 우리 어머니는 현재 여든한 살이시니, 지금으로부터 70년 전 이야기였다. 평소엔 잠시도 가만히 못 있고 재잘재잘 떠드는 애들인데,

할머니가 아버지 말씀을 어겨 목숨을 잃은 뻔한 때를 생생하게 회상하는 이야기를 들려주시자, 무언가에 홀린 듯 가만히 앉아서 들었다.

이야기의 장면은 1950년대 켄터키를 배경으로 펼쳐진다. 어머니는 운동을 좋아하고 모험심이 강한 열 살 소녀로, 가족과 함께 여름휴가를 보내고 있었다. 아버지가 강하고 엄하게 여러 번 경고하셨지만, 어머니는 위험한 오하이오 강에 수영하러 갔다. 물살에 휩쓸려 거의 익사할 뻔했다. 이 이야기는 내가 하는 것보다 어머니의 말을 그대로 옮기는 게 낫겠다.

나는 항상 강에서 수영하지 말라는 말을 들었지만, 열 살의 나는 수영 실력에 자부심을 느꼈다(어쨌든, 언니와 나는 매일 수영하곤 했으니까). 우리 가족은 주말이면 오하이오 강에 인접한 켄터키주 로스에 있는 야영지에서 친척들과 시간을 보냈다.

야영지에는 기둥 위에 세워진 오두막이 있었고, 옥외 화장실도 있었다. 주변에 다른 오두막들도 조금 있고, 제이크 놀이공원도 가까이 있었는데, 여기엔 지하수로 채운 두 개의 대형 수영장이 있었다.

나랑 언니 데비Debby는 차가운 수영장에서 수영하고, 가끔 아빠랑 강에서 낚시도 하고, 사촌 새미Sammy한테 부탁해서 쾌속정을 타고 친구들과 함께 어른들을 염탐하며 주변을 탐험했다. 십 대들이 물가에서 담배 피우고 훔친 맥주를 마시는 모습을 구경하는 게 우리가 제일 좋아하는 일 중 하나였다. 우리는 자유를 즐겼다. 아버지의 엄중한 경고는 이것이었다. "강에 들어가면 안 된다."

어느 날, 부두에 우리만 있었다. 지루하고 좀 반항적인 마음이 생긴 나는 언니에게, 그냥 어떤지 궁금하니 물에 뛰어들어 수영해 보겠다고 말했다. 평소에 나보다 더 저돌적인 언니는 내 말에 겁을 냈다.

물이 잔잔했기 때문에 나는 언니의 만류를 뿌리치고 물에 뛰어들었다. 언니도 들어와 보라고 외쳤다. 언니가 지켜보고 있었는데, 무언가 내 다리를 잡아당기는 느낌이 들었고, 온몸이 물살에 휩쓸렸다. 나는 비명을 질러대는 언니에게서 멀어져, 강 아래로 떠내려갔다. 위험하다고 여러 번 경고를 들었던 이안류를 만난 것이다.

심장이 마치 고장 난 메트로놈보다 빠르게 뛰었고, 숨을 헐떡이며, 나를 아래로 잡아끄는 물살과 싸웠다. 물가와 멀어지는 게 보이자, 내 인생 처음으로 두려움을 느꼈다. 암류와 싸우려 들면 분명 목숨을 잃게 되니 물살에서 벗어날 때까지 잘 견뎌야 한다는 게 갑자기 기억났다.

영원처럼 느껴졌지만, 아마 몇 분 지나지 않아 나는 물살에서 벗어났다. 강둑은 보였지만 부두는 아니었다. 나는 지쳐서 허우적대며 발을 움직여 마침내 강기슭에 쓰러졌고, 기름에 젖은 머리카락을 내 눈과 입에서 떼어냈다. 나무뿌리와 덩굴을 붙잡고 진흙을 기다시피 했다. 식물 가시에 다리가 잔뜩 긁혔다. 아빠가 알아차리지 않기를 기도하며, 드디어 그 부두를 찾아갔다.

그런데 거기에 아버지가 강을 살피며 서 계셨다. 기어가고 있는 나를 아버지가 발견하셨다.

"죄송해요! 죄송해요!" 나는 흐느꼈다. 이제 아버지께 다가가려니 두려웠다. 매를 맞거나 죽을 것 같았다. 어느 쪽이든 분명히 내가 받아야 할 벌인 것 같았다.

그러나 아버지는 두 팔을 넓게 벌리고 몸을 낮게 숙여 나를 안아주셨다.

어떤 논의도, 꾸짖음도, 매도 없었다. 나는 안전했다. 살아있었다. 사랑받았다. 용서받았다.

우리 아이들은 이 모험 이야기를 좋아했다. 나는 그 속에 담긴 비유에 감동했다. 우리 외할아버지가 말 안 듣는 어린 딸이 집으로 돌아오기를 두 팔 벌려 기다리는 모습. 자비의 장면이다. 하늘 아버지께서 우리를 어떻게 안아주시는지를 보여준다.

그분은 꾸짖거나 야단치거나 설명을 요구하거나 징벌을 강요하지 않으신다. 우리가 집으로 돌아왔다는 사실에 그저 기뻐하신다.

우리가 만신창이가 되어 부끄러워하며 돌아올 때, 하나님은 기다리고 계신다. 우리가 어디에 있었는지, 무엇을 했는지는 중요하지 않다. 그분은 꾸짖거나 야단치거나 설명을 요구하거나 징벌을 강요하지 않으신다. 우리가 집으로 돌아왔다는 사실에 그저 기뻐하신다. 팔을 넓게 벌리고 십자가에 달리신 모습을 보라. "내가 긍휼을 원하고 제사를 원하지 아니하노라", 예수님이 말씀하셨다마 9:13. 그분은 사랑으로 우리를 기다리신다.

• • •

그리고 때로 하나님은 가만히 기다리고 계시지 않는다. 아마 성경에 나오는, 유명한 돌아온 탕자 이야기를 알 것이다. 이 비유에는 두 아들을 둔 부유한 아버지가 나온다. 한 아들은 집에서 열심히 일하며 의무를 다하고 모든 일을 바르게 했다. 다른 아들은 아버지를 거역하고 집을 떠나 방탕한 생활로 유산을 낭비하고 결국 말 그대로, 돼지들과 함께 자는 궁핍한 지경에 이른다. 절망에 빠진 그는 집으로 돌아가 아버지께 용서를 구하고 고용된 종처럼 취급해 달라고 빌어보기로 결심한다. 그는 귀한 아들의 지위를 유지할 자격이 없다고 생각했다. 부끄러워하고 뉘우치며 집으로 향했다.

아직도 거리가 먼데 아버지가 그를 보고 측은히 여겨 달려가 목
을 안고 입을 맞추니

_누가복음 15:20

"아직도 거리가 먼데". 하나님은 우리를 용서하시기 전에 우리
가 완벽하기를 기다리지 않으신다. 하나님은 자비를 베푸시기 전
에 우리에게 변화된 삶을 요구하지 않으신다. 하나님의 자비는 우
리보다 앞선다. 그분은 우리가 아직도 거리가 먼데도 우리를 용서
하신다. 버선발로 뛰어나와 우리를 만나주신다. 그분이 원하시는
바는 우리가 돌아오는 것, 그게 전부다.

Blank Place. Quiet. Nothingness.

This is
where God has the greatest opportunity to do his thing.

18장

그 사랑 변찮고

오 신실하신 주 내 아버지여
늘 함께 계시니 두럼 없네
그 사랑 변찮고 날 지키시며
어제나 오늘이 한결같네[1]
_"오 신실하신 주"*

아, 내가 오래된 찬송가를 얼마나 사랑하는지 모른다.

교회 음악은 쿵쾅거리는 피아노, 고루한 성가대, 특별한 행사
엔 오르간이 있던 옛날에 비해 확실히 엄청나게 발전했다. (어머니
와 내가 서로 기쁘게 고백한 적이 있는데, 우리 둘 다 오르간을 정말 안 좋아

---

* 새찬송가 393장

한다는 거였다. 우리의 작은 비밀이다. 아무에게도 말하지 말길!) 요즘에는 많은 교회에서 주일 예배가 드럼까지(!) 포함하는 여러 악기로 구성된 밴드와 함께, 전체 '찬양과 경배' 즉흥 연주로 진행된다. 요즘 찬양들은 라디오에서 들을 수 있는 노래들만큼이나 근사하게 들린다. 주요 가사가 '내 사랑' 대신 예수님이 들어있다는 것만 제외하면 비슷하다. 혹시 주일에 뉴욕 맨해튼에 올 기회가 있다면 내가 다니는 '굿 셰퍼드 뉴욕 교회'Good Shepherd New York를 방문해 보라. 내로라하는 최고 음악가들의 찬양을 들을 수 있다.

그래도 내 마음 가장 깊이 울리는 노래는, 교회 의자마다 성경책과 함께 꽂힌 오래된 찬송가에 나오는 고전적인 곡들이다. '주 하나님 지으신 모든 세계', '만유의 주재', '내 평생에 가는 길'. 나는 어릴 때 이 찬송가를 그리 좋아하지 않았다. 가사가 너무 형식적이고 이해하기 어려웠다. 내가 다닌 1980년대 침례교 교회의 찬양은 가슴에 불을 지르지 못했다. 기억에, 나는 나무 의자에 자리 잡고 앉아, 예배 순서지를 재빨리 훑어보며 어떤 찬송가가 나오는지 확인하고, 내가 바라는 '1절과 4절만 부름'이라는 문구를 찾곤 했다. 야호! 찬양이 짧을수록, 예배 후 던킨도너츠 가게에 빨리 갈 수 있었다.

하지만 어쨌든 이 찬송가들은 내 영혼 깊은 곳에 자리했고, 이 보물들은 수년 후에 발견할 때까지 묻혀 있었다. 한때는 고루하고 이해할 수 없다고 여겼던 가사들이 이제는 일종의 보너스 성경처럼, 시적인 영감을 준다. 이 찬송가들은 내 신앙에 대한 배경 음악이며, 가장 뚜렷한 영적 기억에 대한 음악 반주이다. '큰 죄에 빠진 날 위해', 이 찬양은 매주 사람들이 앞으로 나아와 그리스도를 주님이자 구주로 영접하도록 목사

> 한때는 고루하고 이해할 수 없다고 여겼던 가사들이 이제는 일종의 보너스 성경처럼, 시적인 영감을 준다.

님이 '초대'하실 때 연주된다. '거룩 거룩 거룩'은 기쁘고 경쾌한 곡이라 우리 아버지가 제일 좋아하셨던 찬양이다. (이제 교회에서 이 곡을 들을 때마다 아버지가 저 너머에서 윙크하시는 모습을 상상한다. 아니면 하나님이 나에게 주시는 메시지일지도 모른다. '너네 아버지가 안부를 전한단다!') 그리고 어머니가 아버지 장례식을 위해 찬송가를 고르던 때를 잊지 못한다. 장례 예배를 위해 밝고 경쾌한 찬송가를 고집하셨다. "슬픈 노래 금지"라고 하시며. 충격과 슬픔 속에서도 어머니는 언젠가 아버지를 다시 볼 거라는 우리의 믿음을 찬양을 통해 드러내길 원하셨다. 어머니의 결단력과 용기는 놀라웠고 지금도 놀랍다.

그러나 이 모든 기억과 연관된 찬양 중 단연 최고는 세 단어다.

"그 사랑 변찮고"Thou changest not*, 내가 항상 듣고 싶은 단어이기 때문이다.

• • •

하나님은 변하지 않으신다. 우리에 대한 하나님의 생각은 변하지 않는다. 우리를 향한 그분의 사랑은 변하지 않는다. 그 찬송가의 가사는 이렇게 이어진다. "어제나 오늘이 한결같네."²

내 머리는 이런 식으로 작동하지 않는다.

내 내면의 대화는 무자비할 수 있다. 나의 자기평가는 주식처럼 오르락내리락하며, 내 마음은 TV 화면 하단부의 한 줄 자막 뉴스같이 흘러 지나간다. '오늘, 친절함이 급격히 하락. 험담과 옹졸함 상승. 인내는 아침 일찍 급등했으나 오후 시간에는 급락함. 자기 비난은 사상 최고치 기록.'

하나님은 변하지 않으시나, 나는 자주 변한다.

우리 동료 중 한 사람이 언젠가 관찰했다. "넌 매일 밤 너를 해고하고, 아침엔 다시 고용하는 것 같아."

---

* '오 신실하신 주' 찬송가에 나오는 가사

지친다.

추측하건대, 나의 이 과잉 각성은 변덕스러운 아버지와 함께 자란 어린 시절에서 비롯된 것 같다. 아버지는 공간을 밝히는 존재였지만, 아버지의 기분은 예측할 수 없이 변하고 어두워졌다. 나는 항상 분위기를 감지하고, 감정적 분위기를 알아차려서 적응하도록 스스로 훈련했다. 재앙을 피하려고, 겉으로라도 착한 아이가 되려고 노력했다. 인생 대부분의 시간, 나는 사람들을 기쁘게 하고 조정하는 모범생이었다.

그리고 이 특성들은 하나님과의 관계에도 쉽게 옮겨졌다. 내 내면의 비난하는 목소리가 하나님의 소리라고, 어렵지 않게 상상했다. 그런 일이 일어나면, 즉 비판은 계속되는데 자비는 없는 상황이라면, 절망을 피할 수 없다. 그리고 만약 자신을 힐난하는 목소리를 하나님의 목소리라고 잘못 생각했다면, 나에게 가장 필요한 그분과 거리가 생긴다.

이 습관을 깨기가 어렵다. 그러나 나이가 들어가는 덕분에, 이 어린 시절의 행동 양식이 부드러워졌다. 나이를 먹을수록 조금 더 지혜로워졌다. 항상 사람들을 기쁘게

> 비판은 계속되는데
> 자비는 없는 상황이라면,
> 절망을 피할 수 없다.

하고 평화를 유지하려던 작은 아이는, 사람들이 항상 행복하지는 않다는 불편감을 견디며 사는 법을 배우고 있다. 나는 공간의 감정적 온도를 완벽한 온도로 설정하고 유지할 수 없다는 것을 서서히 받아들이고 있다.

그리고 하나님에 대해 더 많이 알고 그분과 함께 삶을 경험하며 그분의 사랑과 은혜에 집중하면서, 하나님과의 관계가 바뀌고 있다.

> 그리스도께서 우리를 자유롭게 하려고 자유를 주셨으니
> _갈라디아서 5:1

나는 한때 이 구절이 이상하게 느껴졌다. 같은 말을 불필요하게 반복하고 있지 않은가. 그러나 이후 나는 이 구절을 사랑하게 되었다. 이 구절은 매우 강조한다. 하나님이 "당연하지!" 하고 말씀하시는 것 같다. 그리스도께서 오셔서 우리를 자유롭게 하신 것은 우리가 스스로를 속박하기 위해서가 아니다. 우리를 실제로 자유롭게 하기 위해서다.

그러니 자유를 누리자!

자기평가에서 자유롭고, 다른 사람과의 비교에서 자유롭고. 가족과 동료와 친구들의 선의의 판단에서도 자유롭고. 자신이 변해

야 하는 영역을 열린 마음으로 수용하는 것도 필요하다. 하지만 엄격한 자책을 통해 영적인 위업을 얻는다고 생각하며, 자신을 가차 없이 질책하는 것은 다른 문제다.

. . .

믿음이 없이는 하나님을 기쁘시게 하지 못하나니
_히브리서 11:6

평생 다른 사람들을 기쁘게 하려는 자가 들어야 하는 말씀이다. 얼마 전, 나는 오래된 일기장에서 이 구절을 나 자신에게 하는 말로 바꿔 써놓은 것을 발견했다. "네가 그걸 얻거나 일정한 영적 경지에 도달해야 한다고 생각하지 마. 네가 해야 할 일은 믿는 것뿐이야."

하나님은 우리가 자기평가에서 자유롭기를 바라신다.

하나님만이 우리 영혼의 심판자이시며, 긍휼을 약속하신다.

하나님만이 우리 영혼의 심판자이시며, 긍휼을 약속하신다. 하나님만이 우리의 "믿음의 주요 또 온전하게 하시는" 분이며히12:2, 그분의 사랑, 자비, 진리를 통해, 우리가 조용히 변한다. 이것을 받

> 하나님만이
> 우리 영혼의
> 심판자이시며,
> 긍휼을
> 약속하신다.

아들이자. 진정한 내면의 변화는 무기로 위협하거나 영원한 형벌로 겁준다고 일어나지 않는다. 전적으로 아무 조건 없이 주어진, 과할 정도로 후한 하나님의 놀라운 은혜를 깨닫고 받아들이는 데서 온다.

그 사랑은, 우리가 확신하건대, "변하지 않는다."

너희 안에서 착한 일을 시작하신 이가 그리스도 예수의 날까지 이루실 줄을 우리는 확신하노라

_빌립보서 1:6

God does not change.
His opinion of
us does not change.
His love for us does
not change.

하나님은 변하지 않으신다.
우리에 대한 하나님의 생각은 변하지 않는다.
우리를 향한 그분의 사랑은 변하지 않는다.

Blank Place, Quiet, Nothingness.

This is
where God has the greatest opportunity to do his thing.

19장

죄와 혐오

나는 중학교 때, 친구들이랑 상점에서 물건을 훔친 적이 있다. 여러 해가 지난 지금도 이 사실을 인정하기가 부끄럽다. 하지만 그런 일을 저질렀다. 우리는 마트에서 만나 주차장을 서성거리며 용기를 냈다. 그런 다음 한 명씩 마트에 들어가서, 무심한 척 화장품 코너를 어슬렁거리다가 마스카라나 립스틱을 가방이나 주머니에 슬며시 넣었다. 그 순간 긴장과 두려움을 느끼며, 아드레날린이 솟구쳤고, 그러고 나면 엄청난 죄책감에 시달렸다. 긴 밤을 뒤척이고 괴로워하며 다시는 이런 짓을 하지 않겠다고 하나님께 약속했지만, 친구들 무리는 다시 모였고 또래 압력을 피할 수 없었다.

이런 일이 한두 번이 아니었다는 게 후회스럽다. 여름 내내 이런 일이 계속되던 중 어느 밤, 죄책감이 걷잡을 수 없이 커졌고, 나는 어머니께 고백했다. 큰 충격에 빠진 어머니의 어두운 얼굴을 잊을 수가 없다. "방으로 가서 네가 훔친 걸 죄다 가져 와. 하나도 남김없이. 전부. 다." 어머니가 말씀하셨다. 내가 물건을 잔뜩 들고 나왔는데 상상한 것보다 훨씬 많아서 어머니가 당황해하셨다. 아이섀도우, 립스매커스*, 틱택**, 아이라이너 등을 뒤 베란다 탁자 위에 가득 펼쳐 놓았다. 어머니께 고백하는 건 고통스러웠지만, 한편으로는 이상한 안도감이 들었다. 어머니는 실망하셨고 나는 벌을 받았지만, 어머니는 여전히 나를 사랑하셨다. 진실을 말하고 나니 자유를 찾았다. 털어놓고 나니 짐을 덜 수 있었다. 그리고 거기엔 어떤 단순함이 있었다. 잘못은 명백했고, 죄책감은 적절했으며, 유예는 보류되지 않았다.

나는 죄책감과 죄, 천국과 지옥을 주로 강조하는 전통적인 침례교 교회에서 자랐다. 사랑, 자비, 용서도 말했겠지만, 주된 관심은 아니었던 것 같다. 나는 끊임없이 내 죄와 근본적으로 바뀌지 않는 성품의 결함을 느꼈다. 모호한 죄책감이나 '곤란함'을 자주 의식했고, 이 두려움은 지금까지도 계속되고 있다.

당시 교회에서나 때로 집에서도, 어른들이 "성령님이 너에게

---

* 립밤 브랜드
** 과자 이름

죄가 있다고 하신다"고 말씀하셨다. '죄가 있다'는 그 말은 내 마음에 벽돌처럼 무겁게 내려앉았다. 어렸을 때는 그 말의 의미를 제대로 이해하지 못했다. 이제는 안다. '죄가 있음'을 선고하는 일은 법률 제도에서 범죄자에게 하는 것이다. 법이 적용되고, 형벌이 결정되고, 처벌이 집행된다. 지금 생각해 보면, 그 단어를 신앙의 맥락에서 사용한다는 점이 놀랍다. 물론 성경은, 예수님이 죄에 대해 세상을 책망하러 오신다고 말하지만요16:8, 세상을 심판하려 하심이 아니라 구원하러 오셨다고 말한다요3:17. 나의 신앙 배경은 후자보다는 전자를 훨씬 더 강조했다. 죄책감은 무겁지만 은혜는 가벼웠다. 하나님을 사랑하기보다 두려워하며 자랐다. 나에게, 하나님을 안다는 것은 하나님께 심판을 받는 것이었고, 당연히 나는 부족한 존재였다.

우리 아버지는 개인적인 수치심을 깊이 갖고 계셨다. 때로 뒤 베란다에서 죄의 무게에 짓눌린 듯 어깨를 축 늘어뜨리고 앉아계셨다. 칠흑같이 암울한 그림자 같은 어둠이 아버지를 에워쌌다. 그럴 때는 대개 아버지를 피하는 게 나았다. 하지만 때로는 말이 많아지셔서 (죄) 의식의 흐름을 따라 말을 마구 쏟아내셨다. 아버지는 자신의 어두운 면, '나쁜 찰리'에 대해 말씀하시곤 했다. 구체적인 내용은 없었다. 아버지는 너무 예의를 차리시는 분이라 어린 딸에게 자신의 짐을 지우지 않으셨다. 하지만 나는 아버지의 모호

> 죄책감은 무겁지만
> 은혜는 가벼웠다.
> 하나님을 사랑하기보다
> 두려워하며 자랐다.

한 그런 말씀을 듣는 것만으로도 마음이 아팠다. "오, 아빠, 그런 말 하지 마세요. 아빠는 나쁜 사람이 아니에요!" 나는 말했다. 하지만 아버지는 "네가 잘 몰라서 그래. 너는 나를 잘 몰라" 하고 말하듯이 고개를 저으셨다.

아버지의 철저한 자아 성찰은 나에게 깊은 영향을 주었고, 나도 그렇게 하게 되었다. 아버지의 엄격한 자기반성을 나에게 적용했고, 그 행동을 내가 따라 하게 되었다는 걸 어렵지 않게 상상할 수 있으리라. 나는 항상 방심하지 않고 끊임없이 내 안의 죄를 살피게 되었다.

• • •

아버지의 가혹한 자기 판단은 나에게 하나님의 심판을 나타냈다. 특히 아이는 너무 쉽게, 이 땅의 아버지와 하늘 아버지를 하나로 합쳐 생각한다. 나는 모든 잘못을 찾아내고 고백하고 용서를 구해야 하며, 하나라도 놓치거나, 자기변명을 하거나, 내 멋대로 빠져나가면, 내 구원 자체가 위태로워질 것 같았다. 물론, 용서가 있었다. 예수님이 십자가에서 돌아가신 이유가 그것이었다! 하지만 적절한 회개가 있은 후에만 해당되었다. 이는 새로운 실패의 가능성을 불러왔다. 내 회개가 충분했는가? 그 잘못을 저질러서 죄송한가, 아니면 죄송하게 생각해야 하니까 죄송해하는가… 하지만 진짜 죄송하지는 않은데, 하나님은 분명히 그 속임을 간파하실 텐데? 엎친 데 덮친 격이다.

내 믿음이 충분한지 의구심이 들었다. 어린 시절 몇 년을 의구심과 걱정으로 보냈다. '하나님은 내가 그리스도인이라고 생각하실까? 나는 그렇다고 생각하는데. 나는 하나님을 믿는데, 하나님은 내 믿음을 믿으실까? 만약 믿지 않으시면, 나는 영원한 지옥 불에 떨어질까?' 내 영성은 끝없는 자기평가, 비난, 두려움의 반복이었다. 힘겨웠다.

당연히 많은 사람이 교회를 떠났고, 신앙을 떠났고, 하나님을 떠났다. 내가 그렇게 하지 않고… "될 대로 되라지. 지옥에 가든 말든"이라고 말하지 않은 게 놀랍다. 오직 기적이, 오직 하나님이 나를 그런 형태의 '구원'에서 구하셨다.

많은 사람이 이런 형태의 신앙 경험을 가지고 있다. 당연하게도 많은 이들이 이 용서받기 어려운 지옥 불 교리에서 도망쳤다. 하지만 어떤 면에서, 지금은 시계추가 정반대로 극적으로 움직인 것 같다. 죄책감도 없고, 수치심도 없다. 사랑도, 자비도 없다. 죄

> 오직 기적이,
> 오직 하나님이
> 나를 그런 형태의
> '구원'에서
> 구하셨다.

책감, 죄 또는 잘못에 대해 말하는 것은 민망하고, 시대착오적이며, 부풀린 머리 스타일과 어깨 패드처럼 촌스럽고, 당혹스러운 구시대의 유물같이 여겨진다.

우리는 긍정하는 말, 영감을 주는 인용구, 자신의 가치와 충분함을 선언하는 말로 스스로 안심한다. 그것은 우리 영혼에, 자신을 돋보이게 하는 인스타그램 필터와 같다. 잠시 만족스럽지만, 궁극적으로는 설득력이 없으며, 자신에 대해 깊이 느끼는 진실에 비할 수 없다. 그리고 동시에, 우리 현시대는 예전보다 더 용서받기 힘든 것 같다. 한 번의 실수로 끝이다. 계정을 삭제하듯, 삶을 삭제한다. 은혜와 구원은 점점 더 희귀해지고 있다.

우리는 잘못을 저지르고 그걸 알았을 때, 어떻게 하는가? '가게에서 훔친 화장품 더미'를 어디에 가져가서 탁자 위에 쏟아 놓을까? 우리는 수치심을 어떻게 할까? 건강한 자아감에 수치심이 설 자리가 있을까?

한 가지는 확실하다. 자신에 대한 진실을 직면할 수 없다면(좋은 것이든 그렇지 않은 것이든), 자신을 회피하고, 자신에게 집중하지 못하며, 자신에 대해 무감각해질 것이다. 자신에게서 도망하여,

일, 성관계, 마약… 아니면 운동이나 건강을 추구하는 일상과 같이 긍정적인 것들조차, 거기에 건강하지 않은 수준으로 빠져들 것이다. (어떤 목사님은, 죄란 "아무리 좋은 것도 그것을 최고로 여기는 것"이라고 말씀하셨다.) 수치심 주기는 빠른 속도로 돌고 돈다. 회피하고, 다른 것에 집중하고, 자신을 혐오하고, 이를 반복한다.

사도 바울의 말을 인용하면, "오호라 나는 곤고한 사람이로다 이 사망의 몸에서 누가 나를 건져내랴?"롬7:24.

큰 텔레비전 화면에 나오는, 머리를 잘 말아 올린 TV 설교자가 말한다. "친구들이여, 여러분은 주님이 필요합니다!"

어. 나는 유진 피터슨의 표현을 더 좋아한다. "우리가 우리 자신을 바르게 알게 되는 것은, 오직 하나님과 또한 그분이 우리를 위해 하고 계신 일에 주목할 때"이다롬12:3, 『메시지』. 다시 말해, 우리가 하나님께 진실을 말씀드리고, 그분이 우리 말을 들으시고, 우리 죄를 제거해 주신다는 걸 믿을 때 놀라운 일이 일어난다. 자신에게서 도망할 필요가 없다. 자신을 미워하지 않아도 된다.

• • •

이 모든 것을 생각하니 육아가 떠오른다. 솔직히, 아이들은 끔찍하다. 인간 본성의 날 것 그대로이다. 아이들은 거짓말한다. 그 것도, 아주 많이. 때리고, 당기고, 물어뜯는다. 자기중심적이고 감사를 모른다. 지쳐서 간신히 버티고 있는 엄마에게, "난 엄마가 싫어요"라고 말한다. 아이들은 알렉사Alexa*에게 "세상에서 가장 못된 사람은 누구야?" 하고 묻고, 그 대답이 "엄마"이기를 기대한다. (흠, 실제로 우리 아이가 그랬다.)

나는 어린 시절의 수치심과 고통을 반복하고 싶지 않다. 그러나 아이들에게 "넌 잘못하지 않아"라는 긍정의 수레바퀴는 결코 완벽하거나 결백하지 않은 현실과 실제 인간성을 마주했을 때 도움이 되지 않을 것이다. 자신에 대한 실망 등을 다룰 도구를 갖추지 않은 채 아이들을 세상에 내보내는 것은 옳지 않다.

우리 딸은 특히 예민하고, 마음을 잘 숨기고, 내성적이다. 지혜롭고, 공감을 잘하며, 아름다운 작은 영혼이다. 아이는 나의 천사다. 하지만, 물론, 아이는 천사가 아니다. 여느 아이처럼, 부당함을 느끼거나 특혜를 거부당하면 성질을 부리고 자제력을 잃는다. 대부분의 경우, 그런 모습을 보였다가 가라앉는다. 그러나 때로는 자기반성을 하는 순간이 있다. "내가 이기적으로 행동하고 있다는 걸 알아요" 또는 "나 좀 버릇없죠. 인정해요"라고 말한다.

---

* 아마존 사에서 개발한 대화형 음성인식 인공지능 서비스

때로는 극적인 효과를 위해, 때로는 진심으로 후회한다. 그걸 알아내는 것은 내 몫이 아니다. 나는 아이에게 이렇게 말한다. "네 마음에 잘못한 것을 느끼면, 네 자신에게 진실을 말하고, 하나님께 진실을 말씀드려. 그러면 끝이야. 하나님은 그것을 깨끗하게 씻어 주신단다. 하나님은 너의 죄가 없었던 것처럼 여기신단다. 네가 잘못한 것을 잊기 어려울 수 있어. 하나님께 다시 말씀드릴 수도 있지. '하지만 제가 한 그 끔찍한 일을 기억하시죠?' 그러면 하나님은 이렇게 말씀하실 거야. '아니, 기억나지 않아. 네가 무슨 말을 하는지 모르겠구나. 너는 용서 받았고, 아무 기록이 안 남아 있단다.'"

이건 어른들에게도 해당한다.

최근, 나의 수치심과 두려움의 주기가 돌아왔을 때, 어떤 실패에 대해 자책하던 중, 어떤 관점을 보여주는 말씀이 와닿았는데, 너무도 강렬하여 일기장에 적었다.

만약 제가 책임져야 할 죄가 있다면, 나 자신에게 말하는 게 아니라 당신께 말씀드립니다. 저는 "긍휼이 많으시고 은혜로우시며 노하기를 더디하시고 인자하심이 풍부"시103:8하신 주님께 말씀드립니다.

자신의 약점과 결점을 직면하고 마주하며, 그럼에도 불구하고 자신이 사랑받고 용납받고 용서받는다는 걸 아는 것보다 더 큰 기쁨은 없다. 자신이 완벽하다고, 충분히 훌륭하다고, 또는 [훨씬 더 나쁜 어떤 사람]보다는 낫다고 말하는 것보다 더 좋다. 자신을 비난하거나 무자비하게 자신을 깎아내리는 것보다 훨씬, 훨씬 낫다. 우리를 자유롭게 하시는 하나님, 그분이 누구신지를 알기에, 우리 자신이 누구인지에 대해 솔직할 수 있다. 하나님이 여기 계신다. 그래서 우리는 자유롭다.

주는 영이시니 주의 영이 계신 곳에는 자유가 있느니라
_고린도후서 3:17

It is exceedingly easy,
especially as a child,
to conflate our
earthly father with our
heavenly Father.

특히 아이는 너무 쉽게,
이 땅의 아버지와
하늘 아버지를
하나로 합쳐 생각한다.

Blank Place, Quiet, Nothingness.

This is

where God has the greatest opportunity to do his thing.

20장

그분은 기대셨다

몇 년 전, 나는 영적으로 힘든 시간을 보냈다. 사실, 당시를 그렇게만 표현하면 너무 밋밋한 것 같다. 다시 표현해 보자. 몇 년 전, 나는 하나님께 저주받거나 악마에게 시달리고 있다고 확신했다.

내가 워싱턴 DC에서 로스쿨*을 다닐 때의 일이다. 엄청난 스트레스와 압박을 받고 있었다. 그런데 놀라운 것은, 내가 하나님과 아주 가깝다고 느낄 때 있었던 일이라는 점이다. 매일 성경을 공부했다. 신실하게 기도했다. 나는 영적인 부분과 본능적이고 의미있게 깊이 연결되어 있다고 느꼈다.

그러던 중 갑자기, 죄책감에 사로잡히기 시작했다. 파괴적이

---

* 미국 법학전문대학원

고, 정죄하고, 비난하는 죄책감이었다. 내 죄에 집착하게 되었다. 그 생각을 떨쳐 버릴 수 없었다. 밤낮으로 시달렸다. 삶과 양심의 모든 구석을 파헤치며 결점과 잘못을 찾으려고 스스로 괴롭혔다. 평소에 위안을 주던, 하나님께 고백하는 일도 도움이 되지 않았다. 나는 고백하고 고백했지만, 평안을 찾지 못했다.

악몽을 꾸었다. 소름 끼칠 정도로 실제와 같았다. 때때로, 어두운 존재가 내 위에 맴도는 느낌이 들어 침대에서 깼다. 심지어 그 존재가 숨 쉬는 소리까지 들렸다. 말 그대로, 코를 벌름거리는 소리였다. 무언가가 거기 있다는 걸 알았지만, 너무 무서워서 볼 수 없었다. 이 무시무시한 존재를 직면할 수 없었다. 나는 몸을 태아처럼 웅크리고 이불 속에 몸을 파묻은 채 기도했다. 외우고 있는 성경 구절을 말했다. 내가 아는 찬송가 가사를 읊조렸다. '예수님'이라는 단어를 말했다. 위안이 되는 건 무엇이든 말했다. 마침내 그 어둠은 달아났고, 나는 다시 잠들었다.

이 끔찍한 일들이 한동안 있고 나서 절망 가운데, 몇 년 전 애리조나에서 다녔던 교회의 목사님께 전화를 걸었다. 목사님이 나를 기억하실지 몰랐지만, 친절하게 전화를 받아주셨다. 나는 내 죄에 대한 인식에 온통 사로잡혀 있다고 설명했다. 하나님, 성령님께서 나를 정죄하시는 것 같다고, 반복해서 용서를 구했지만 그 느낌이 사라지지 않는다고 말했다.

그때 목사님이 하신 말씀이 내 생각과 삶을 바꾸어놓았다.

"자기 자신에게 무언가를 물어봐야 해요." 목사님이 말씀하셨다. "지금 하나님을 어떤 분으로 생각하고 있나요?"

그 질문은 나를 마주하게 했다. 내가 상상하고 있는 하나님은 어떤 분인가? 내가 알던 그 하나님은 분명히 아니었다. 내가 아는 하나님은 내가 사랑하는 분, 나를 사랑하시는 분이지 않은가. 그런데 내가 상상하고 있던 그 하나님은 처벌하고, 정죄하고, 비난하시는 하나님이었다. 자비가 없는 하나님이었다.

때로 우리는 하나님의 목소리를 그렇게 상상할 수 있다. 우리를 비난하는 목소리. 고발하는 목소리. 죄를 엄하게 질책하는 목소리. 정말 위험하긴 하지만, 여러분이 생각하는 그런 이유 때문은 아니다. 수치심을 느끼고, 위협받거나 소외감을 느끼면, 우리는 하나님을 피하고, 귀를 닫고, 거리를 두기 시작한다. 하나님이 우리와 함께하시려는 방향과 반대되는 일이다. 내가 고통스러운 시기를 거치며 배운 바는 이것이다. 나 자신을 질책하는 것은 하나님의 목소리가 아니었다. 사실, 그건 가짜 목소리였다.

· · ·

그렇다고 하나님이 얄팍한 확신과 상투적인 말씀만 하신다는 뜻은 아니다. 우리 하나님은 기분 좋은 대화만 하시는 하나님이 아니다. 반대로, 하나님은 정면으로 부딪치고, 회유하고, 도전하고, 설득하는 일에 아주 능하시다. 하지만 하나님이 그렇게 하실 때는, 사랑하고 다정한 그분의 본성과 완전히 일치하게 하신다.

> 저물 때에 예수께서 열두 제자와 함께 '앉으셨더니' 그들이 먹을 때에 이르시되 내가 진실로 너희에게 이르노니 너희 중의 한 사람이 나를 팔리라 하시니 그들이 몹시 근심하여 각각 여짜오되 주여 나는 아니지요
>
> _마태복음 26:20-22*

나는 최후의 만찬 장면을 대할 때마다 항상 놀란다. 예수님은 배신과 죽음을 예언하실 때 기대어 앉아계셨다. '기대어 앉아계시더니.' 그런 표현에 과도하게 의미를 부여하거나, 확대해석하지 않도록 주의해야 한다. (인터넷에 찾아보니, 그 시대에 저녁 식사 때 기대어 앉는 것이 일반적인 관습이었다고 한다.) 그러나 최후의 만찬에서 예수님의 몸의 자세는 그분의 영적인 태도와 일치했던 것 같다. 대립적이거나 지나치게 감정적이지 않으셨다. 친밀하게 관계를 맺고

---

* 저자가 인용한 영어 성경엔 '앉으셨더니' 부분이 'recline', 즉 '기대어 앉다'라는 뜻의 단어가 나옴.

있는 위치에서 말씀하셨다. 그렇다. 그분의 말씀은 권위 있고 굉장히 충격적이었다. 강력한 펀치를 날리셨다. 그러나 위협하거나 격분하지 않으셨다.

우리 하나님은 단호하고 직설적으로 진실을 말씀하시는 분이다.

내가 읽고 매료된 글이 있다. 사라 베시Sarah Bessey가 쓴 〈내가 술을 끊은 이유〉라는 글이다.[1] 사라는 자신이 사회적 음주를 끊어야겠다고 느낀 과정을 설명했다. 단순히 알코올 중독증 때문이 아니었다. 마음에 점점 크게 느낀 어떤 것 때문이었다. 내 눈길을 끈 것은, 그녀의 표현 방식이었다. "나는 하나님이 술을 끊으라고 요청하신 것 같아서 술을 끊었다."

그 글을 읽고 명백히 처음 든 생각은, '하나님이 나한테는 그런 요청을 안 하셨으면 좋겠다'였다.

그러나 사라가 선택한 단어가 눈에 띄었다. 하나님은 명령하거나 비난하지 않으셨다. '요청'하셨다. 사라는 하나님의 목소리를 "부드럽지만 끈질기다"고 표현했다.[2]

> 우리 하나님은 단호하고 직설적으로 진실을 말씀하시는 분이다.

> 삶에 변화가 일어나기 시작할 때,
> 하나님이 내 삶 어느 지점을
> 엄지손가락으로 꾹 누르시는 것처럼 느낀다.
> 마치 "자, 이 부분, 이것, 여기에 잠시 머물러 있어 보자.
> 나는 이것에 집중하고 싶구나" 하고
> 말씀하시는 것 같다.[3]
>
> _사라 베시Sarah Bessey, 『내가 술을 끊은 이유』Why I Gave Up Drinking

힘든 순간에도, 하나님은 완전히 원래 성품 그대로시다. 변화가 필요한 우리 삶의 영역에 대해 말씀하실 때도 친절과 사랑으로 대하신다.

• • •

우리 교회에서는 공동의 고백을 한다. 우린 이 글을 함께 읽는다.

가장 자비로우신 하나님, 우리가 한 일과, 하지 않은 일로, 생각과 말과 행동으로 하나님께 죄를 지었음을 고백합니다. 우리는 온 마음을 다해 하나님을 사랑하지 않았음을 고백합니다. 이웃을 내 몸과 같이 사랑하지 않았습니다. 우리는 겸손히 회개합니다. 하나님의 아들, 예수 그리스도로 인해, 우리에게 자비를 베푸시고 용서해 주옵소서. 그리하여 우리가 아버지 하나님의 영광을 위해, 하나님의 길을 걸으며 하나님의 뜻을 기뻐하게 하옵소서.

전 세계 교회들이 주일 예배 때, 이런 기도를 드린다. 이 고백의 시간이 지겨울 수 있다. 기계적으로 암송할 수도 있다. 혹은 큰 위안을 얻을 수 있다. 기회가 가득한 순간이다.

마이클 루드제나Michael Rudzena 목사님은 이 시간을 최대한 활용하신다. 자신을 조용히 돌아보고, 자신이 책임져야 할 무언가가 떠오르도록, 기억나게 해달라고 하나님께 구하라고 제안하신다. 우리는 침묵 속에 앉아 있다. 그리고 나서 목사님이 위로의 말씀을 전하신다. 우리의 고백이 '엄청난 비난'이나 '병적인 자기성찰'을 뜻하는 게 아니라고 자주 말씀하신다. 우리가 사랑에 미치지 못한 점에 책임을 느끼는 것이다.

그런 다음, 이 아름다운 성경 구절로 마무리한다. "동이 서에서 먼 것 같이 우리의 죄과를 우리에게서 멀리 옮기셨으며"시103:12. 유진 피터슨은 이렇게 옮겼다. "해 뜨는 곳이 해 지는 곳에서 아주 먼 것처럼"『메시지』.

하나님은 우리 잘못을 용서하신 후, 잘못에 대한 기억이 얼쩡거리며 우리를 괴롭히지 않게 하신다. 우리의 죄책감을 멀리 옮기시고 그 자리에 평안을 채워주신다.

· · ·

나는 로스쿨 시절, 목사님과 대화를 나눈 후부터 저주스럽고 수치심을 느끼던 시기가 서서히 지나가기 시작했다. 단번에 된 것이 아니라, 시간이 걸렸다. 그리고 생각하는 훈련을 다시 해야 했다. 죄책감과 비난의 느낌이 다시 들 때, 나는 구원자이자 친구이신 하나님이 어떤 분이신지를 기억했다. 나는 기본으로 돌아갔다. 때로는 아주 어린 시절로 돌아가, 어린이 찬송가의 다정하고 익숙한 구절을 혼자 말하기도 했다. "예수 사랑하심을 성경에서 배웠네."

너희가 돌이켜 조용히 있어야 구원을 얻을 것이요
_이사야 30:15*

---

* 저자가 인용한 영어 성경엔 '조용히 있어야' 부분에 'rest', 즉 '쉬다, 기대다'라는 뜻의 단어가 나옴.

나는 이것을 알게 되었다. 구원에는 한 부분이 아니라 두 부분이 있다.

돌이키라. 그리고 조용히 기대라.

당신이 사랑받고 있고, 용서받았고, 용납되고 있음을 알고 쉬어라.

기대라.

Blank Place. Quiet. Nothingness.

This is
where God has the greatest opportunity to do his thing.

21장
자비를 베풀어 주소서

그는 수치심과 분노에 사로잡혀 그 사람을 죽였다.

약 삼십 년 전, 나는 〈미션〉The Mission이라는 영화에서 본 장면을 잊을 수가 없다. 이 영화는 1700년대 후반, 식민지 시대에 남아메리카 원주민들을 가톨릭으로 개종시키러 온 예수회 선교사들의 실화를 바탕으로 한다. (사역의 어려움과 그 시대의 잔혹함을 가감 없이 보여준다.) 내가 생생하게 기억하는 장면이 맞는지 확인하기 위해 최근 그 영화를 다시 보았다. 기억이 맞았다.

이 영화는 외부와 접촉이 거의 없는, 폭포 위의 높은, 아름답지만 험준한 산악 지역에 살고 있는 원주민에 대한 이야기다. 로버트 드 니로Robert De Niro가 용병이자 노예 상인인 로드리고 멘도자

Rodrigo Mendoza 역을 맡았다. 로드리고는 등장한 첫 장면에서, 원주민 어른과 아이들을 노예로 팔기 위해 그물로 포획한다. 그는 뉘우침 없이 악랄하고 오만하여, 그 공동체에서 공포와 두려움의 대상이었다. 그러던 어느 날, 그가 집에 돌아왔는데 자기가 사랑하던 여인이 다른 남자에게로 떠난 것을 발견한다. 바로 그 순간, 굴욕감과 분노에 사로잡힌 로드리고는 그 남자를 죽인다.

그 남자는 바로 자기가 사랑하는 동생이었다.

로드리고는 절망에 빠진다. 법은 그의 '치정에 얽힌 범죄'를 처벌하지 않기 때문에, 그가 나오는 다음 장면에서, 그는 스스로 만든 감옥에 있다. 비참한 가운데 죄책감의 족쇄에 매여 죽음을 갈망하며 고통 속에 누워 있다.

제레미 아이언스Jeremy Irons가 연기한 신부가 로드리고를 방문하지만, 그는 하나님의 사람에게 시간을 내지 않는다. "나에겐 구원이 없다"고 말한다.[1] 신부는 그에게 속죄하기 위한 고행을 받아들이라고 도전한다. 로드리고는 "나에게 충분히 힘든 고행이 없다"고 답한다.[2] 그러나 수치심에 짓눌려 고통받기를 간절히 바라던 그는 그 제안에 동의한다.

• • •

로드리고가 부여받은 고행은 그 산, 그가 한때 약탈했던 마을로 돌아가는 것이다. 이번에는 쇳덩이, 나무, 쓰레기를 밧줄로 한데 묶은 거대한 짐을 등에 지고 대단히 힘들고 고된 여정을 떠난다. 그의 속죄는 그 짐을 지고, 자신이 한때 노예를 잡으러 갔던 그 산 위를 오르는 것이다. 고통스러운 여러 날 후, 자신의 짐을 정상까지 끌고 오르려고 안간힘을 쓴다. 위험천만한 폭포를 오르고 절벽을 손톱으로 붙잡고 기어오르는데, 맷돌처럼 무거운 짐은 그를 자꾸 아래로 끌어내린다. 어느 순간 그가 거의 기진맥진했을 때, 일행 중 젊은 신부들이 그의 짐을 끊어 풀어주러 달려온다. 그러나 그는 거절한다. 자신의 속죄를 다 치르지 않았다. 자신의 짐을 덜어내기를 스스로 허락하지 않을 터였다.

그 장면은 내가 본, 용서에 대한 가장 강력한 묘사의 절정에 이른다. 한마디 대사도 없는 장면이다.

지쳐서 거의 죽을 지경에 이른 그는 짐을 묶은 밧줄을 목에 두른 채 산 정상에 도착한다. 거기서 그가 전에 마구 잡아서 가축처럼 팔았던 원주민들을 마주한다. 아이들이 그를 먼저 보자마자 알아본다. 그들은 그가 누구인지 정확히 알고 있다.

원주민들의 지도자가 다가와 칼을 꺼낸다. 로드리고는 자신이 곧 죽을 것을 확신하며, 자신이 응당 받아야 할 벌이라고 생각한다. 지도자는 칼을 그의 목에 갖다 댄다. 로드리고는 죽음을 기다린다. 지도자는 칼을 높이 들었다가 강하게 내려친다. 그러나 그 칼은 밧줄을 끊어 그의 짐만 풀어낸다. 무겁고 거추장스러운 짐은 절벽 아래 강으로 떨어진다. 짐은 저 멀리 사라져 버린다. 짐이 풀렸다. 그 장면을 지켜보던 신부가 달려와 무릎을 꿇고 두 팔로 로드리고를 아기처럼 껴안고 흔들며, 뺨 위로 폭포수 같은 눈물을 흘린다.

죽어야 마땅한 자가 생명을 얻었다. 자신이 박해했던 자들의 손에 구원받았다.

• • •

세상에 이보다 더 변혁적인 힘이 있을까? 인간의 마음속 변화를 일으키는 데 이보다 더 강력한 게 있을까? 우리가 깨닫든 못 깨닫든, 많은 사람이 자기 목을 조이고 끌어내리는 잡동사니 더미 같은 수치심을 목에 메고 다닌다. 하지만 하나님이 그것을 영원히 끊으신다. 우리가 해야 할 일은 그저 그분 앞에 가만히 서는 것이다.

> 예수님과 성령님의 사역에서 흘러나오는 용서가
> 정말이지 이상하고 강력한 것임을 이해할 때,
> 우리를 향한 하나님의 용서와, 다른 사람을 향한
> 우리의 용서가, 우리를 옥죄고 있는 죄, 분노, 두려움,
> 비난, 죽음을 매단 밧줄을 끊는 칼임을 깨달을 수 있다.
> 최후에, 악은 할 말이 없을 것이다.
> 십자가의 승리가 온전히 실현될 것이기 때문이다.[3]
>
> _N. T. 라이트N. T. Wright,
> 『악의 문제와 하나님의 정의』*Evil and the Justice of God*

하나님은 우리의 짐과 수치를 끊어내시고, 자유롭게 하시며, 사랑으로 감싸신다. 우리가 인정하기 두려운 실패와 드러내고 싶지 않은 자기 모습, 자신도 용서할 수 없는 내면의 죄까지, 저 산비탈 아래로 굴러떨어진다.

이 압도적인 은혜의 선물에 대한 자발적인 반응은 깊은 안도, 감사, 그리고 충성이다. 하나님과 가까워지는 빠른 길이 있다면, 그것은 그분의 자비다.

· · ·

여호와께서 내 음성과 내 간구를 들으시므로 내가 그를 사랑하
는도다
그의 귀를 내게 기울이셨으므로 내가 평생에 기도하리로다
_시편 116:1-2

오랜 시간, 나는 이 구절이 우리가 평생, 하나님이 베푸신 은혜
를 갚아야 한다는 부채 의식에서 그분을 부르라는 의미로 생각했
다. 그러나 이제는 다르게 읽는다. 하나님의 은혜를 받는 것은 그
분과 가장 깊이 연결되는 경험이다. 밧줄이나 족쇄가 아니라, 관
계, 유대, 애착이라는 우리가 선택한 줄로 영원히 하나님과 연결
된다. 우리는 그 줄을 다시, 또다시 잡아당길 것이다. 우리에게는
그분의 자비가 반복적으로 필요하다. 인생의 모든 날 동안 그분을
선택하고 사랑하기 때문에 그분을 부를 것이다.

우리는 죄에 대한 속죄를 치를 필요가 없다. 그것은 이미 치러
졌다. 하나님이 우리를 사랑하고 용서하시는 이유는, 우리의 회개
가 차고 넘쳐서 또는 자신을 가혹하
게 처벌해서가 아니다. 하나님은 대
가 없이 은혜를 베푸신다.

> 하나님과 가까워지는
> 빠른 길이 있다면,
> 그것은 그분의 자비다.

우리의 '미션', 임무는 그것을 받
아들이는 것이다.

하나님이 우리를 구원하사 거룩하신 소명으로 부르심은 우리의
행위대로 하심이 아니요 오직 자기의 뜻과 영원 전부터 그리스
도 예수 안에서 우리에게 주신 은혜대로 하심이라

_디모데후서 1:9

Blank Place. Quiet. Nothingness.

This is
where God has the greatest opportunity to do his thing.

5부
소망

HOPE

22장

예수님이 대답하셨다

남편과 내가 반복하는 농담이 있다. 전형적인 시나리오는 이런 식으로 흘러간다. 내가 밤에 물 한 잔을 들고 침실로 걸어간다. 그러면 남편이 가짜로 화난 척하며 말한다. "오, 나 마시라고 가져왔어요?"

"아, 미안해요!" 나는 일부러 겸연쩍은 척하며 대답한다. "다시 가서 갖다줘요?"

남편이 말한다. "아니, 논쟁거리가 있는 게 더 좋아요."

우리는 이런 대화에서 큰 즐거움을 느낀다. 솔직하니까 재미있다. 때로 문제를 해결하기보다 문제를 가지고 있는 게 나을 때가 있다. 한 수 앞서, (다음에 우리가 잘못한 경우에 쓰려고) 감정의 저금

통에 몇 푼을 더 넣는 게 낫다. 문제를 고치거나 잘못을 바로잡길 원치 않는다. 우리는 논쟁거리를 원한다.

하나님과도 마찬가지일 수 있다. 우리는 믿음보다 의심을 품으려 한다. 정답보다는 질문을 원한다.

> 너희가 온 마음으로 나를 구하면 나를 찾을 것이요 나를 만나리라
>
> _예레미야 29:13

복음서에서 우리는 두 단어를 반복적으로 접한다. "예수께서 대답하시되." 예수님은 자신의 운명을 향해 먼지 나는 길을 걸어가시며 종종 질문에 답하셨다. 많은 사람이 다가왔다. 어떤 이들은 진정으로 그분을 찾았다. 어떤 이들은 그분을 이기려 들거나 함정을 파놓으려 했다. 또 어떤 이들은 뒤섞인 의도를 가지고 다가와 질문이 사뭇 진지한 듯했으나, 예수님의 대답은 그들의 속마음을 꿰뚫어 보셨다. 그러나 사람들의 질문 의도에 따라, 예수님이 대답하실지, 안 하실지의 여부가 결정되지 않았다.

질문하는 것은 불경한 일이 아니다. 무관심과 무심함이 훨씬 더 통탄할 만한 잘못이다. 나는 이렇게 믿는다. 있는 모습 그대로 오라. 하나님이 대답하신다. 그저 나아오기만 하라.

• • •

의심과 씨름할 때 좋은 첫 질문은 스스로 묻는 것이다. '나는 진정으로 묻고 있는가? 아니면 다른 이유로 하나님께 나아가는 걸막는 장애물을 만들고 있는가? 나는 진정으로 정보와 이해를 구하고 있는가? 아니면 거리를 두려고 하는가? 내 의문은 친밀함과 취약성을 피하기 위한 핑계인가?'

이 말을 하는 이유는, 우리 마음이 어떤 초월적인 경지에 이르렀을 때만 하나님이 응답하시는 게 아니기 때문이다. 하나님은 우리가 순수하게 질문하는 마음을 그분께 드릴 때까지 그의 존재와 관점을 유보하지 않으신다. 그러나 우리의 동기가 엉망일 때, 그분을 찾기가 더 어려울 수 있다. 그분의 음성을 듣기가 더 힘들 수 있다. 또는 그분을 찾았지만 우리가 받은 응답이 만족스럽지 않거나 아무것도 듣지 못했다고 느낄 수 있다. 왜냐하면 우리의 실제 질문은 전혀 다른 것이기 때문이다.

• • •

우리 딸의 교실에, 선생님이 플래카드를 하나 걸어 놓으셨다. "잠시 꼭 의심해 보세요." 초등학교 3학년에게 진실인 것은 우리에

하나님과 진정한
관계에 들어가면
의심과 의문이
생길 수 있다.

게도 진실이다. 일시적인 의심은 이해로
가는 관문이다. 하나님과 진정한 관계에
들어가면 의심과 의문이 생길 수 있다.

이 불완전한 세상에서 영적인 길을
걷고자 하는 사람은 누구나 어느 시점에
서 의심과 씨름하게 마련이다. 만약 한 번도 그런 적이 없다면, 그
부분을 충분히 생각하지 않았기 때문일 것이다. 아니면 흔들림 없
는 큰 믿음의 복을 받았다고 느낄 수도 있다. 그리고 아마 그럴 수
있다!

그러나 의심이 드는 건 믿음이 부족해서가 아니다. 의심은 믿
음의 반대말도 아니다. 그것은 믿음의 한 측면이며, 컴퓨터 괴짜들
의 표현을 빌리자면, '오류'가 아니라 '특성'이다. 의심은 믿음의 단
련이다. 마치 근육처럼, 노력을 기울이고, 반복하고, 질문을 던지
면서 영적인 힘을 키워나간다.

내가 로스쿨 공부를 시작할 때 흔히 들은 상투적인 말은, 책과
교수님들이 '생각하는 방법'을 가르쳐 준다는 것이다. 생각할 내용
을 가르치는 게 아니라, 사실을 분석하고, 논쟁을 평가하고, 증거
를 제시하는 방법을 가르쳐 준다는 것이다. 자신의 입장에서 그
문제들을 결코 무시할 수 없다는 것을 꽤 빨리 알게 된다. 만약 논

쟁하고 있다면 여러분은 물론 최고의 증거를 제시할 것이다. 하지만 반론 또한 다루어야 한다. 자신을 반대하는 증거에 맞서야 한다. 만약 반론을 무시해 버린다면, 자기 입장이 약하다는 게 드러난다. 설득력이 거의 없을 것이다. 상대가 변호할 기회를 얻으면, 당신을 무너뜨릴 것이다.

하나님은 반론을 다룰 준비가 되어 있으시다. 그분은 맹목적인 믿음을 요구하지 않으신다. 우리의 지성을 제쳐두고 그분을 믿으라고 요구하지 않으신다. 반대로, 하나님은 우리의 지성을 자극하고 정교하게 하며 사고하도록 도전하신다. 하나님은 이런 문제에 관여하기를 열망하신다.

복음서에서, 예수님이 죽음과 부활 후 제자들에게 나타나셨다. 누가복음은 예수님을 본 제자들이 '놀라고' '무서워'했다고 묘사한다눅24:37. 그들은 유령을 보았다고 생각했다. 예수님은 "어찌하여 마음에 의심이 일어나느냐?"고 물으셨다38절. 제자들의 의심을 감지하시고 대답하셨다. "내 손과 발을 보고 나인 줄 알라 또 나를 만져 보라 영은 살과 뼈가 없으되 너희 보는 바와 같이 나는 있느니라"고 말씀하셨다39절.

나는 항상, 내가 그 상황에 있었다면 어떻

> 하나님은 이런 문제에 관여하기를 열망하신다.

게 했을지 궁금하다. 예수님의 손과 발을 만지러 다가갔을까? 아니면 위험을 무릅쓰고 다가가기를 주저하고 두려워했을까? 나는 알지 못한다. 하지만 내가 아는 건 이것이다. 우리의 의심과 두려움 앞에서, 예수님은 사실 "가까이 다가오라" 말씀하신다. 예수님은 움츠러들거나 기분 나빠하지 않으신다. 우리의 회의와 질문은 예수님과 더 깊이 연결되는 기회다. 그래서 우리는 종종 반대로, 그분과 거리를 두려는 본능이 있다.

그러니 하나님께 의문을 가지고 오라. 영리한 머리, 지성을 가지고 오라. 그러나 또한, 용감한 마음과 튼튼한 다리를 가져오라. 왜냐하면 결국, 항상 도약이, 그러니까 믿음의 도약이 있을 것이기 때문이다.

• • •

모든 의심이, 흉터 난 손을 만지는 것처럼 쉽게 해소될 수는 없다. 모든 질문이 즉시 그리고 결정적인 답을 얻지는 못한다. 특히 "세상에 왜 이렇게 악이 만연하며, 이것을 그냥 내버려두시는 것 같을까?"와 같은 존재론적인 큰 질문들의 경우 쉽지 않다.

이런 문제를 다루기 위해 기독교 변증학이라는 종교 연구의 한 분야가 존재하며 많은 책이 쓰였다. (참고로, 이 책은 그런 책이 아니다.) 여전히 살과 뼈를 가지고 있는 우리는 "거울로 보는 것 같이 희미"하게고전13:12 [보는] 이 인생에서 어떤 답이 충분할 수 있을지 모르겠다. 우리가 실제로 고통을 느끼고 경험하고 동참하고 있을 때는 더욱 그렇다. 어떤 장대하고 포괄적인 설명이 있더라도, 추상적이고 비현실적으로 다가온다. 실제 세계와는 동떨어진, 현실과 무관한 이야기로 들린다.

하나님은 왜 고난을 허락하실까?

사랑의 하나님이 왜 세상에 악이 지속되는 것을 허락하실까?

왜 불의는 수천 년 동안 제지되지 않는가?

왜 하나님은 단번에 내려와서 이를 완전히 끝장내지 않으시는가?

나는 이런 것들을 하나님께 큰 소리로 여쭈었다.

때때로 내가 듣는 답은 이것이다.

아직 끝나지 않았다.

악은 승리하지 못한다.

내가 이 땅에 내려왔다.

나는 나의 한 부분을 떼어내어 이 땅에 내려와서 모든 것을 바꾸었다.

나는 그 일을 하고 있다.

너는 내가 악을 단번에 결정적으로 없애주길 바라지만, 그러면 인간 자체를 파멸하게 된다.

네가 아는 세상은 끝이 난다.

나는 구원의 사명이라는 다른 길을 걷고 있다.

나는 파괴하는 게 아니라 몸소 보여준다.

나는 강요하지 않고 보여준다.

나는 폭력이 아니라 사랑으로 한다.

이것은 시간이 걸린다.

나의 일은 아직 끝나지 않았다.

믿음은 우리 내면에
의심과 믿음을
동시에 초대한다.
의문을 품으면서도
동시에 하나님과
함께 살아가게 한다.

논증의 결함이나 논리적 비약을 찾는 건 어렵지 않겠지만, 당분간은 이 말이 나에게 의미가 있다. 적어도, 나에게 평화를 준다. 나는 이것을 믿기로 했다.

하나님의 임재 안에서 우리의 의문을 풀어낼 때, 그분께 직접적인 답은 듣지 못하더라도, 그분과 관계 맺는 건 가능하다. 믿음은 우리 내면에 의심과 믿음을 동시에 초대한다. 의문을 품으면서도 동시에 하나님과 함께 살아가게 한다. 의심과 믿음, 둘 중 하나만 취하며 사는 것이 아니다.

> 이유는 우리 편이다. 그것은 사랑이다.[1]
>
> _보노Bono

Blank Place, Quiet, Nothingness.

This is
where God has the greatest opportunity to do his thing.

23장

밤사이의 보고서

건강 전문가들이 하나같이 말하길, 잠자리에 들기 전에는 절대 휴대전화를 보지 말아야 하는 걸 아는가? 그리고 기기를 침대 옆에 두고 자면 안 된다고? 그리고 아침에 일어나자마자 절대로, 절대로 휴대전화를 보지 말라고?

그렇다. 나는 건강 측면에서 완전히 실패하고 있다. 내 점수는 낙제점이다. 나는 거의 매일 밤, 아이패드를 읽으며 잠이 든다. 내 휴대전화는 알람 시계이다. (사실, 알람을 여러 번 설정하기 때문에 '알람 시계들'이라고 해야겠다.) 그리고 매일 아침 커피를 내린 후 제일 먼저 하는 일은 그날 업무를 준비하러 휴대전화로 수십 통의 새 이메일을 확인하는 것이다.

그러면 '그것'이 와 있다. 무시무시한 죽음의 신처럼 내 이메일 함에 어김없이 출몰한다. 바로 밤사이의 보고서다.

〈TODAY Show〉는 하루 네 시간 방송하지만, 24시간 운영된다. 제작진은 프로그램 방송을 위해 문자 그대로, 밤낮으로 일한다. 아침에 쇼가 끝나자마자, 모두가 다음 날 일정을 준비하기 시작한다. 그리고 아침 뉴스 쇼이기 때문에, 나를 비롯해 대부분 사람이 자는 동안 가장 중요한 업무가 이루어진다.

꼭 필요한, 카페인을 잔뜩 섭취한 야간 근무 직원이 전날 24시간 동안의 국내 및 국제 주요 뉴스를 요약한 야간 보고서를 준비한다. 물론 이 모든 뉴스를 TV쇼에서 다루지는 않는다. 그러나 이 보고서를 가지고 앵커와 수석 제작자가 전 세계의 주요 뉴스 사건을 '읽어 들여' 무슨 일이 일어나고 있는지 최신 정보를 파악하고 그날 방송에 추가할 내용을 결정한다.

재미없게도, 우리는 그것을 '밤사이의 보고서'라고 부른다. 대부분의 경우, 굉장히 우울한 문서다.

- 미국 대규모 총기 난사 사건, 역대 400건 이상 발생
- 롱 아일랜드 연쇄 살인범 수사 중
- 국립공원에서 곰 습격으로 사망 추정되는 여성 시신 발견
- 호수 보트 충돌 사고로 8명 부상, 음주 운전 혐의로 운전자 기소됨

- 멕시코만 선박 전복, 4명 실종, 해안 경비대 수색 중
- 소형 비행기, 주거 지역에 추락, 3명 중상
- 소방서 '표적 공격'으로 소방관 사망
- 골프장 데크 붕괴로 25명 병원 이송
- 알래스카 외딴 호수에 헬리콥터 추락, 4명 사망
- 휠체어에 탄 여성, SUV 차량에 치여 사망
- 지구상 역대 가장 더운 6월 기록, 기상청
- 그리스 당국, 산불로 19,000명 대피시킴
- 러시아 미사일, 오데사 공격으로 1명 사망, 역사적인 성당 파손
- 워싱턴 주, 리스테리아 식중독균 감염으로 3명 사망
- 온라인에서 판매된 어린이 컵, 납 수준 새로 발견되어 리콜
- 아동기 TV 시청, 성인기 고혈압 및 비만과 연관 있음, 연구

이것은 견본에 불과하다. 어느 날 하루치 보고서에 있는 내용이다. (정치 관련 뉴스는 생략했다.) 암울한 내용이 끝도 없이 이어진다. 모든 걸 다 읽어볼 수도 없고, 그렇게 하고 싶지도 않을 것이다. ('엄마 실수로 더운 자동차 안에 남겨진 유아 사망', 이런 기사도 부지기수다.) 이것이 우리가 살아가는 세상의 단면이며, 나의 아침 기상 신호다. 어떨 때는 빠른 펀치로 스무 대 정도 연속해서 배를 얻어맞는 것 같다.

이것은 내가 하는 일의 일부이며, 불만은 없다. 〈TODAY〉를

진행하는 일은 거의 항상 즐겁다. 각 분야 최고인, 내가 좋아하는 사람들과 함께 일한다는 게 행복하다. 우리가 하는 일은 의미 있고 도전적이다. 또, 많이 웃는다. 매일 새벽 3시에 알람이 울리지만, 깨면서 지구상에서 가장 행운아라고 느낀다.

하지만 요즘은 우리 모두가 어떤 형태로든 밤사이의 보고서를 받는다. 뉴스를 켜든, 소셜 미디어에서 쏟아지는 뉴스를 접하든, 모든 사람이 세상의 잘못된 모든 일에 압도되는 느낌을 받는다. 모든 고통, 모든 고뇌, 모든 분열, 모든 분노를 접한다. 수천 개의 상처를 입어 우리 영혼이 죽을 것 같은 느낌이 든다. 수천 개의 아주 작은 가시들이 우리 가슴을 찌른다. 우리는 고개를 떨구고, 피를 흘리고 있는 자신을 보지만, 이유를 알지 못한다. 우리는 영혼에 깊은 상처를 입는다.

우리는 희망이 필요하다. 우리는 믿음이 필요하다. 그러나, 밤사이의 보고서가 다섯 페이지에서 쉽게 열 페이지로 늘어나는 세상에서, 어떻게 믿음을 찾을 수 있을까? 이 끔찍한 여러 현실을 마주하며, 어떻게 진정으로 희망과 믿음을 찾을 수 있을까?

그리고 우리가 가진 이 신념들이, 애석하게도 잘못된 것이라면? 만약 정의가 오지 않는다면? 만약 이것이 정말 세상의 전부라면, 그리고 그렇게 끝난다면? 영원히 소망 없이 무작위의 고통이 지속된다면? 초월적인 존재도 없고, 실낱같은 희망도 없다면? 그저 인류는 점점 더 바닥으로 달려가고, 세상이 계속 악화일로라면? 만약 하나님에 대한 모든 신념이 단지 허구이고 자신을 달래기 위한 이야기라면? 과열된 꿈, 달콤한 망상의 연고 약이라면?

이에 대해, 나는 이렇게 말한다. 네, 제발, 저를 좀 달래주세요. 그 연고를 듬뿍 바르고 싶어요.

• • •

우리 대부분은 어느 순간, 자신이 믿는 게 사실이 아닐지도 모른다고 생각할 수 있다. 나도 물론 그런 생각을 해본 적이 있다. 이것이 전부라고, 구원과 영원한 생명의 개념은 단지 허구이고, 천국도 없고 하나님도 없는데 내가 어렸을 때 배워서 감정적으로 애착을 갖게 된 것에 불과하다는 생각을 품은 적이 있다.

하지만 어느 순간, 나는 상관하지 않기로 했다. 내가 인생의 끝에 이르러 죽고 나서 그것이 전부 거짓말이었고 내가 완전히 틀렸다는 걸 알게 되더라도 괜찮다. 여전히 믿음을 가지고 살아가는 게 더 낫다.

나는 '옳은 절망에 빠져 사는 것보다, 그른 희망을 품고 사는 게

> 절망은 문제를
> 해결하지 않는다.
> 문제를 더
> 악화시킨다.

낫다'는 결론을 내렸다. 언젠가 내가 어리석었다는 게 증명되더라도 낙관적이고 기대하는 마음으로 믿으면서 사는 게 낫다. 세상이 구제 불능이라고 믿는 것(그런 입장을 입증할 수 있는 증거는 널려 있다)은 더 나은 선택이 아니다. 세상이 회복 불가능하다고 믿으면, 위안을 얻지 못한다. 삶을 더 견딜 만하게 만들지 않는다. 냉소와 절망은 본래의 고통에 더 많은 고통을 쌓을 뿐이다. 절망은 문제를 해결하지 않는다. 문제를 더 악화시킨다.

우리는 모두 악과 고통에 맞서 싸워야 하는 상황에 놓여있다. 현대 사회의 맹렬히 쏟아지는 뉴스들은 그것의 존재를 숨기거나 부인할 수 없게 만든다. 우리는 모두 그것을 이해해야 한다. 절망과 체념 가운데 그것을 혼자 할 것인가? 아니면 하나님과 함께, 소망을 가지고 이해해 나갈 것인가?

N. T. 라이트가 쓴 책, 『악의 문제와 하나님의 정의』에 이런 글이 나온다.

하나님의 위대하고 아름답고 필연적으로 선한 창조 세계 안에 근본적인 악이 어떻게, 그리고 왜 있는지에 대해 우리는 듣지 못한다. 당혹스러운 이 의문을 시원하게 해결해 주는 답을 알지 못한다. 언젠가는 그것을 알게 되리라 생각하지만, 지금으로서는 제대로 이해할 수 없다. 마치 배 속에 있는 태아가 외부 세계에 대해 생각할 수 있는 범주를 알지 못하는 것처럼 말이다. 그러나 우리가 약속받은 것은, 모든 것이 잘 되고, 모든 인류가 잘 되고, 용서가 초석이 되며 화해로 모든 것이 한데 어우러진 세상을 만드신다는 점이다.[1]

언젠가, 옳고 그름이 밝혀지고, 깨진 것이 온전해지며, 사랑받지 못하는 이들이 충분히 사랑받고, 우리 모두가 완전히 이해하게 될 것을 믿는다. 이 약속은 이 땅에서 우리가 가진 실제적인 고통과 미래의 소망을 인정한다. "소망이 우리를 부끄럽게 하지 아니함은 우리에게 주신 성령으로 말미암아 하나님의 사랑이 우리 마음에 부은 바 됨이니"롬5:5.

> 내가 들으니 보좌에서 큰 음성이 나서 이르되 보라 하나님의 장막이 사람들과 함께 있으매 하나님이 그들과 함께 계시리니 그들은 하나님의 백성이 되고 하나님은 친히 그들과 함께 계셔서 모든 눈물을 그 눈에서 닦아 주시니 다시는 사망이 없고 애통하는 것이나 곡하는 것이나 아픈 것이 다시 있지 아니하리니 처음 것들이 다 지나갔음이러라
>
> _요한계시록 21:3-4

• • •

언젠가, 옳고 그름이
밝혀지고, 깨진 것이
온전해지며, 사랑받지
못하는 이들이 충분히
사랑받고, 우리 모두가
완전히 이해하게
될 것을 믿는다.

결국, 이 인생에서는 우리의 믿음이 옳은지, 아니면 애석하게도 잘못된 것인지 알 수 없다. 그러나 우리는 믿을 수 있다. 그리고 나는, 적어도, 믿음을 가지고 사는 것이 더 낫다는 결론에 도달했다.

이것은, 다시 논의해서는 안 되는, 단번의 결정이 아니다. 우리는 소망을 선택하고, 주어진 하루를 살고, 잠을 자고, 일어나서 다시 소망을 선택한다. 선택은 우리에게 달려 있다. 매일 아침 해가 뜬다. 알람이 울리는 그 순간부터.

여호와의 인자와 긍휼이 무궁하시므로 우리가 진멸되지 아니함
이니이다
이것들이 아침마다 새로우니 주의 성실하심이 크시도소이다
_예레미야애가 3:22-23

Everyone can relate to
that feeling of being
overwhelmed by
everything that is
wrong in the world.
It can feel like death to
our spirits by a thousand cuts—
a thousand tiny pinpricks to our
hearts.

모든 사람이 세상의 잘못된
모든 일에 압도되는 느낌을 받는다.
수천 개의 상처를 입어
우리 영혼이 죽을 것 같은 느낌이 든다.
수천 개의 아주 작은 가시들이
우리 가슴을 찌른다.

Blank Place, Quiet, Nothingness.

This is
where God has the greatest opportunity to do his thing.

24장

하나님이 행하시는 일

사랑하는 친구와 마주 앉았다. 우리는 벽난로 곁에서 아늑하게 담요를 덮고 있었고, 아이들은 지하실 어디선가 놀거나 집에서 무슨 짓을 하고 있을지 몰랐다. 솔직히, 아이들이 몇 분만이라도 우리를 좀 내버려두기만 하면 아무래도 상관없었다. 우린 기분 좋게 커피를 들고 대화에 몰입했다.

나는 친구, 로라Laura(실명은 아니다!)를 알고 지낸 지 얼마 안 됐다. 소중한 내 친구의 친한 친구였기에, 여러 번 함께 어울렸고, 친목 모임에서 곧바로 잘 통했다. 하지만 우리 둘만 같이 긴 시간을 보낸 건 이번이 처음이었다. 우린 친해졌고, 서로 이야기하며, 여자들끼리 깊은 교감을 나눴다. (내가 로스쿨 다니던 시절에는 기숙사 방을 같이 쓴 메리디스Meridith와 매주 주일 아침 소파에서 만나 커피를 마시며 마음 통하는 대화를 나누고 한바탕 울곤 했다. 이 시간을 "티슈와 이슈"Tissues and Issues, 또는 줄여서 "티 앤드 아이"T&I라고 불렀다.)

　　지금은 그 "티 앤드 아이"T&I를 로라와 하고 있었다. 우리는 인생에서 가장 힘든 순간들을 어떻게 이겨냈는지 이야기했다. 친구는 특히 어두운 시기를 막 지나온 터였다. 임신 20주에 유산했고, 관련된 감염으로 생명을 거의 잃을 뻔했다. 아이를 잃은 고통은 엄청났다. 병원에서 담요에 싸인 그 작은 딸을 품에 안고 작별 인사를 나눴다. 아이를 잃고 자신의 생명까지 위협받은 경험은 트라우마로 남기에 충분했다. 하지만 거기서 끝나지 않았다. 나중에, 잘못된 의료적 조언 때문에, 결국 부주의한 의사 때문에 피해를 입었다는 걸 알게 됐다. 트라우마 위에 또 트라우마, 슬픔 위에 또 슬픔이었다. 자신을 돌봐주던 의료진들에게 속았음을 깨달은 순간, 마지막 남은 회복력마저 산산조각 났다. 몸도 아프고 마음도 아프고, 깊은 절망의 나락으로 떨어졌다. 어디서든 도움을 찾았다. 침술사, 공감 전문가, 치료사, 직관적인 치유자, 전문가 등 누구든 찾아다녔다. 위안을 얻기 위해 필사적으로 발버둥 쳤다. 큰아이들이 학교에 가면, 활력 없이 혼자 우두커니 앉아 있었다. 자신을 되찾게 해줄 무언가 또는 무엇이든 찾아야 한다는, (그녀의 표현대로) 강박적인 에너지만 남았다.

　　나랑 벽난로 옆에 앉아 있을 때, 로라는 그 어두운 곳에서 멀리 벗어나 있었다. 그 과정을 지나왔고, 그 이상을 해냈다. 로라는 1년 전에 참석한 수련회에서 깊은 변화를 경험했다. 어떤 면에서 자신이 스스로 치유하는 치유자라는 걸 믿게 되었다. 『오즈의 마법사』*The Wizard of Oz*에서 착한 마녀가 도로시에게 말한 것처럼, 그 힘은 늘 자기 안에 있었다. 노력의 결실이 분명했다. 새로운 삶의 방식을 갖게 됐고, 자신을 중심에 두는 실천을 해나갔다. 술을 끊었다(문제가 있어서가 아니라, 새로운 관점을 갖고 나니 '끝내 주게' 좋아서 다시는 습관을 바꾸고 싶지 않다고 설명했다!). 깊은 내적 자신감을 얻었고, 자신을 더 신뢰하며, 경계선을 유지하고, 힘을 얻었다. 로라는 변화되었고, 물론 전보다 훨씬 더 나은 사람이 되었다.

그날 나와 함께 앉아 있는 로라는 사려 깊고 내성적인 사람이었다. 그녀는 말했다. "어쩌면 내가 이런 여정을 겪어야 했기 때문에, 하나님께서 이 모든 일이 일어나게 하신 것 같아." 아마도 로라는 일련의 사건을 겪은 게 새로운 삶의 방식과 지금 자신 있게 걷고 있는 더 나은 길을 찾기 위한 과정이었다고 추측했다.

그 말이 나에게 깊이 와 닿았다. 그건 종종 우리가 고통 속에서 붙잡고자 하는 지혜이고, 고통 속에서 의미를 찾으려는 노력이다. 우리는 고통에서 어떤 의미를 찾고, 가장 어두운 폭풍 속에서 실낱 같은 희망을 발견하려 용감하게 노력한다. 신앙을 가진 이들은 종종 이 이야기에 하나님을 등장시킨다. 많은 사람이 이 말을 좋아한다. "모든 일에는 다 이유가 있어", "하나님이 너에게 교훈을 가르쳐 주셨던 거야!", 또는 "하나님은 네가 감당할 수 없는 시험을 주지 않으셔"라고 말한다. 이런 유의 말 중 가장 끔찍한 말도 있다. 누군가 너무 일찍 죽었을 때, "하나님이 천사가 한 명 더 필요하셨나 봐!" 심지어 토네이도, 지진, 허리케인 등 자연재해를 언급할 때도 "하나님이 행하시는 일"이라고 말한다. 마치 하나님이 하늘에서 임의로 재앙을 내리시는 위대한 기상학자인 것처럼 표현한다.

아니다.

아니다, 아니다, 그렇지 않다.

하나님을 더 이해하고 알수록, 이런 말들에 대해 더 감정적으로 반응하게 된다. 나도 삶에서 많은 경우 그런 말들에 위안을 찾고, 어느 정도의 위로를 얻기도 했지만 말이다. 나는 아버지의 죽음을 그런 방식으로 이해하려 했다. 우리 아버지는 감정이 매우 복잡하고 괴로워하시는 분이었다. '아마 하나님은 아버지를 젊은 나이에 데려가셔서 끊임없는 고민과 내적인 실망에서 구해주셨을 거야.' 더 대담한 생각도 했다. '아버지의 이른 죽음이 우리 가족을 산산조각 냈지만, 궁극적으로 우리에게 긍휼을 베푸신 행위였을 거야.' 우리는 아버지를 사랑했지만, 아버지의 변덕스럽고 무섭고 엄하고 비판적인 모습이 우리에게 깊이 영향 미쳤다. 아마도 아버지의 죽음 덕분에, 우리 나머지 가족들(어머니, 캠, 애니, 그리고 나)이 각자 본연의 모습으로 자유롭게 살 수 있었는지 모른다. 아버지는 내가 두 직업을 선택할 때 거의 확실히 반대하셨을 것 같다. (텔레비전 뉴스는 너무 피상적이고 가짜가 많다며 반대하셨을 거고, 법 공부는 이미 세상에 변호사가 넘친다며 반대하셨을 거다.) 고통스러운 인생 사건들을 이런 식으로 보려 한다는 것은 인간에게 회복력이 있다는 증거다. 그리고 때로는 이런 것들이 어느 정도 진실을 담고 있기도 하다.

하지만 난 하나님이 악의 창조자라고 믿을 수 없다. 성경은 하나님이 "모든 것을 선대하시며 그 지으신 모든 것에 긍휼을 베푸"신다고 말한다시145:8-9. 나는 그분의 말씀을 믿는다. 사랑의 하나님을 믿으면서 동시에, 하나님이 가장 중요한 교훈을 가르치시려고 계산적으로 고통을 주신다는 건 믿을 수 없다. 하나님에 대해 더 높은 시선과 더 높은 견해를 가져야 한다. 하나님은 하나님이시다. 그분은 무수한 천사들을 거느리고 계시고, 자녀에게 부당하고 과도한 고통을 가하지 않고도 교훈을 가르치고 방향을 수정하실 수 있다.

• • •

이것은 중요하다. 왜냐하면 달리 생각하면, 즉 우리의 고통에 대해 끝내 "모든 것이 합력하여 선을 이루"는 것이었다고 결론짓게 되면, 우리의 고통과 하나님 사이에 평화를 어느 정도 이룰 수 있다. 하지만 그것이 표면적인 평화에 그칠까 걱정된다. 하나님에 대한 두려움과 원망이 감히 생각지도 않은 우리 내면 어딘가에 남아 있을 수 있다. 너무 착하거나 독실해서 그런 생각을 목소리 내어 표현하지 않거나, 심지어 그 속삭임을 의식조차 하지 못할 수 있다. 나는 반항적이고 불경한 면이 있다. 이렇게 생각하기 쉽다.

'좋아요, 하나님, 정말이세요? 여기서 당신의 목표를 이루실 다른 방법이 정말로 없었나요? 저는 다른 긍정적인 결과들을 알고, 심지어 감사할 수도 있어요. 하지만 그걸 이루시기 위해 저를 이렇게까지 힘들게 하셔야 했나요? 그리고 당신에게 다른 선택지가 없었다는 걸 확신한다고 해도, 지금 저한테 남는 게 뭐죠? 만약 하나님이 고통스러운 다음 인생 교훈을 위해 다른 불행을 꾸미고 계실까 두렵다면, 제가 어떻게 하나님을 신뢰할 수 있을까요?'

우리의 믿음 체계에 의식적으로든 무의식적으로든, 우리에게 고통을 가하시는 하나님의 모습을 포함하면 문제가 생긴다. 적어도, 하나님에 대한 신뢰에 문제가 생긴다. 우리는 하나님을 경계하게 되고, 거리를 두게 된다. 나는 이것이 하나님이 목표하시는 바와 반대된다고 믿을 수밖에 없다. 성경 말씀과 그리스도의 삶이 우리에게 전적으로 보여주는 것은 하나님이 우리와 가까워지기를 간절히 원하신다는 것이다.

하지만 괴로운 중에도 하나님의 손길을 보는 것에는 진실의 일면이 있을 수 있다. 참된 답은 그리 먼 곳에 있지 않을 것이다. 하나님은 고통을 일으키지 않으시지만, 우리의 고통을 약속으로 바꾸신다. 우리의 고통을 의미로 바꾸신다. 우리의 울음을 춤으로 바꾸신다. 불가능해 보이는 상황에서 구원을 이루시는 것이 사실 그분의 전문 분야다.

구약 성경의 요셉 이야기가 떠오른다. 질투심 많은 형들이 그를 이집트 노예로 팔아버렸다. 형들은 요셉이 오래전에 죽었을 거로 생각했다. 하지만 요셉은 형들을 용서하고 이렇게 말했다. "당신들은 나를 해하려 하였으나 하나님은 그것을 선으로 바꾸사"창 50:20.

우리 시야가 넓어지고 삶에 일어나는 사건들을 더 큰 그림에서, 더 나은 빛, 우리 삶에 상상할 수 없는 슬픔조차 이해할 수 있는 하나님의 눈으로 바라볼 때, 그것은 큰 위로가 된다. 하나님은 악과 고통을 일으키지 않으신다. 하지만 그것을 바꾸실 수 있다. 이것은 극도로 작은 차이 같지만, 중요한 차이다.

우리는 깨어진 세상에서 살고 있다. 사고, 불공평, 질병으로 가득한 세상이다. 비행기 사고와 아동 학대가 일어나는 세상이다. 거짓말과 조작과 천박함이 판치는 세상이다. 악한 자들이 번성하는 것처럼 보이는 세상이다욥21:7.

이것은 하나님이 의도하신 세상이 아니며, 영원히 지속하게 하실 세상도 아니다. 하지만 우리가 여기에 있는 동안, 하나님이 우리의 이해를 훨씬 초월하는 우주적인 구원과 화해를 이루시는 동안, 그분이 우리와 함께하겠다고 약속하신다. 하나님은 나쁜 것을 좋은 것으로 바꾸겠다고 약속하신다. 그릇된 것을 옳은 것으로 바꾸겠다고 약속하신다.

그것이야말로 하나님이 행하시는 일이다.

God doesn't cause pain,
but he does turn our
pain into promise.
He turns suffering into meaning.
He turns
weeping into dancing.

하나님은 고통을 일으키지 않으시지만,
우리의 고통을 약속으로 바꾸신다.
우리의 고통을 의미로 바꾸신다.
우리의 울음을 춤으로 바꾸신다.

Blank Place. Quiet. Nothingness.

This is
where God has the greatest opportunity to do his thing.

25장

욥은 어땠을까?

천국, 우리에겐 문제가 있다.

나는 하나님이 악과 고통을 직접 일으키신다는 걸 믿기 힘들다. 그건 내가 아는 하나님과 일치하지 않는다. 그러나 동시에, 우린 고통스럽고 부인할 수 없는 사실을 마주한다. 가끔은 하나님이 고통을 허락하신다는 것이다. 만약 하나님이 고통을 멈추실 수 있는데도 허용하신다면, 무엇이 다를까? 그것은 하나님이 고통을 일으키신 것과 다름없다.

나는 그 진실을 좋아하지 않지만, 피하거나 포장할 수는 없다. 정말 모든 것을 통제하시는 전능하신 하나님을 믿는다면, 시간과 공간을 초월하는 초자연적인 주권을 가지신 하나님을 믿는다면,

하나님이 우리를 보호하시고 해를 막아줄 힘을 가지고 계시는데, 가끔은 그 힘을 사용하지 않으신다는 것을 믿어야 한다.

왜일까?

이것은 내 신앙에 위협적인 "왜 그런가요, 하나님?"이라는 궁극적인 질문이다. 상상하건대, 우리 자신에게, 혹은 더 나쁜 경우 우리가 사랑하는 사람에게 엄청나게 충격적인 일이 일어나는 것보다 더 큰 도전은 없는 것 같다.

몇 년 전에 〈60 Minutes〉60분라는 TV 프로그램에서 '샌디 혹 초등학교 총기 난사' 사건에서 자녀를 잃은 부모들을 다루었다. 그 이야기는 상상할 수 없는 일을 겪은 다양한 가족들을 보여주었다. 이야기 끝에서, 넬바 마르케스 그린Nelba Marquez-Greene이라는 여성이 등장했다. 작은 몸집에, 곱슬머리, 밝은 눈을 가진 젊은 엄마인 그녀는 여섯 살 된 딸, 애나 그레이스Ana Grace를 그날 잃었다. 여러분은 아마 그 엄마처럼 곱슬머리를 한, 천사 같은 작은 소녀가 오빠와 함께 피아노 앞에 앉아 "전능 왕 오서서"를 열정적으로 반주하는 모습을 기억할 것이다.

마르케스 그린 가족은 깊은 신앙을 가진 가족이다. "그러면 그 믿음이 지금은 어떤가요?" 진행자가 질문했다. "그런 큰 슬픔 앞에서 어떻게 믿음을 유지할 수 있나요?"

나는 그녀의 대답을 절대로 잊지 못한다. 그녀의 대답을 여러 해 동안 다른 사람들에게 공유해왔고, 지금도 이 말을 할 때면 목이 메어온다. 넬바가 대답했다. "제가 딸과 다시 만나는 순간, 두 가지 말을 듣고 싶어요. '잘했다. 착하고 충성된 종아.' 그리고 '엄마, 안녕!'"[1]

무고한 고난과 하나님에 대한 믿음이 어떻게 조화를 이룰 수 있는가? 넬바의 말은 그 방법을 보여준다. 믿음은 무고한 사람들이 고통받는 이유를 설명하지 않고 설명할 수도 없다. 그 고통이 끝나고, 관계가 회복되며, 삶이 영원해지는 때와 지점이 있다는 희망을 줄 뿐이다. "뜻이 하늘에서 이루어진 것 같이 땅에서도 이루어지이다"마6:10.

• • •

몇 년 후, 나는 넬바와 만났다. 그녀의 말과 본이 내 마음 깊이 자리 잡았다. 그녀를 잊을 수 없었다. 그리고 잊고 싶지도 않았다. 마침내 나는 용기 내어 그녀를 점심 식사에 초대했다. 넬바의 믿음과 슬픔에 대해 더 이해하고 싶었다. 그녀가 어떻게 말도 안 되는 상황을 이해하게 됐는지 알고 싶었다. 우리는 넬바의 집에서 그리 멀지 않은 포도주 농장에서 만났다. 그녀는 샐러드와 아몬드

케이크, 그리고 딸, 애나 그레이스의 추모 예배 때 목사님께 받은 설교 원고 사본을 가져왔다. 넬바는 따뜻하고 개방적이며 너그러운 영혼을 가지고 있었다. 그녀의 존재 자체가 선으로 악을 이긴 승리였다.

넬바는 총격 사건이 일어나기 여섯 달 전에, 남편과 함께 캐나다 위니펙에 있는 교회에서 성경 공부를 했다고 말했다. 넬바는 푸에르토리코에서 태어났으며, 남편 지미Jimmy와 자기는 둘 다 코네티컷주에서 자랐다. 사건이 일어나기 불과 몇 달 전에 그들은 북동부 지역, 뉴타운이라는 새로운 마을로 이사했다. 모순되게도, 아이들이 자라기에 더 안전하고 조용한 장소를 꿈꾸며 한 이사였다.

이들 부부가 참여한 성경 공부는 욥기를 중심으로 했다. 나에게 욥기는 가장 당황스럽고 충격적인 성경책이다. 이야기는 이렇다. 욥은 신실하고 경건한 사람이었다. 하나님은 그가 큰 시험을 받게 허락하셨다. 욥은 모든 것을 잃었다. 재산, 공동체에서의 지위, 친구들, 가족까지. 그러나, 사람들이 복을 받을 때만 신실하고 고통이 시작되면 믿음을 버릴 거라는 사탄의 예상과 달리, 욥은 하나님에 대한 믿음을 버리지 않았다. 욥은 신실함을 유지했고, 결국 하나님을 경외하는 태도를 증명했으며, 하나님이 그에게 복을 주셨다. 재산, 지위, 권력, 심지어 새로운 가족까지, 잃었던 모든 것을 회복시켜 주셨다.

나는 이 이야기를 좋아하지 않았다. 욥이 잃었던 모든 것을 하나님이 '보상'해 주셨다고 하더라도, 누가 대체된 가족을 원하겠는가? 하나님이 그런 고난을 겪도록 허락하셨을 때 우리가 어떻게 회복되는가? 우리가 어떻게 그분을 다시 신뢰할 수 있는가?

넬바는 이 부분을 다르게 본다. 그리고 그녀가 그렇게 볼 수 있다면, 분명히 나도 그렇게 할 수 있다. 분명히, 나는 그렇게 해야 한다. 넬바는 자기 부부가 욥기를 배우도록 하나님이 기회를 주셔서, 다가올 일을 준비시키셨다고 믿는다. 그래서 그 절망의 날에 부부는 '강하고 담대하고 확고한 믿음'을 가질 수 있었다. '강하고 담대하고 확고한 믿음', 이 표현을 애나 그레이스의 추모 예배에서 목사님이 감동적이고 강력하게 설교하시며 사용하셨다. 넬바가 점심 약속에 챙겨온 바로 그 원고였다.

넬바는 가장 어두운 시간 중 하나에 대한 특별한 이야기를 들려주었다. 딸 애나가 살해되고 얼마 후, 슬픔과 절망이 극에 달했을 때, 넬바는 절망적인 기도를 했다.

"제 영혼을 사탄에게 주더라도, 딸과 한순간만이라도 다시 함께하고 싶습니다."

그녀는 깊은 잠이 들었고, 심오한 꿈을 꾸었다. 구약 성경에 나오는 환상 같은 거였다. 그녀는 하나님이 안 계신 상태에서 애나를 다시 만나는 꿈을 꾸었다. 그건 어둡고 견딜 수 없는 현실이었다. 잠에서 깨어났을 때, 그녀는 달라졌다. 자신이 원치 않지만 걸어야 하는 이 외롭고 험한 길, 지금 살고 있는 슬픈 삶이 믿음의 삶으로 남을 것을 알았다. 담대하고 강력하고 확고한 믿음의 삶 말이다.

우리 아버지가 돌아가셨을 때, 친구들이 나한테 '여전히 하나님을 믿을 수 있냐'고, '불과 마흔아홉 살에 갑자기 돌아가신 아버지 때문에 믿음에 의심이 생기지 않냐'고 물어봤던 게 기억난다. 나는 대답했다. "아니. 하나님이 가장 필요한 때가 바로 지금이지." 넬바도 비슷한 말을 했다. 결코 믿음을 저버릴 생각을 하지 않았다. 절대로 하나님을 떠날 생각을 하지 않았다. 하지만 이렇게 말했다. "하나님께 묻고 싶은 질문이 많아요."

그것이 정답이다. 답은 없다. 때로 믿음은 그저 살아가기를 선택하는 것, 이 땅에서는 결코 만족스러운 설명을 들을 수 없는 질문을 안고 살아가기를 선택하는 것이다.

누군가가 유명한 팀 켈러 목사님께 여쭈었다. 왜 선하신 하나님이 무고한 고통을 허락하시냐고. 하나님의 답변은 4분의 3 정도 채워진 양동이 같을 거라고 목사님이 답하셨다.[2] 그것은 신비다. 우리는 모른다. 하나님은 우리에게 그런 '답'을 주지 않으신다. 하나님은 '자기 자신'을 우리에게 주신다.

> 지금은 너희가 근심하나
> 내가 다시 너희를 보리니
> 너희 마음이 기쁠 것이요
> 너희 기쁨을 빼앗을 자가 없으리라
> 그날에는 너희가 아무것도 내게 묻지 아니하리라
> _요한복음 16:22-23

그날에는, 더 이상 질문이 없을 것이다. 우린 이해할 것이고, 더 중요하게는 그분을 소유할 것이다. 우리에게 생명이 있을 것이고, 영원을 소유할 것이다. 우린 소중한 이들을 되찾을 것이다. 더 이상 눈물도, 고통도, 슬픔도 없을 것이다. 천국이야말로 하나님이 항상 의도하셨던 세상이다.

Blank Place. Quiet. Nothingness.

This is
where God has the greatest opportunity to do his thing.

26장

나를 집으로
보내 주십시오

하나님이 내게 주신 시간에 감사하지만, 이제는 예수님을 뵐 준
비가 됐습니다. 예수님을 보고 싶어 견딜 수가 없습니다. 나를
집으로 보내 주십시오. [1]

_티모시 J. 켈러Timothy J. Keller

임종을 앞둔 자리에서 내가 할 수 있는 모든 말을 상상해 본다
면, 과연 이런 말을 할 수 있을지 모르겠다. 나는 하나님을 사랑하
고, 더 나은 영원에 대한 약속을 진정으로 믿지만, 죽음을 앞둔 순
간이 다가오면, 여전히 엄청난 도약이 있을 것 같다. 죽음 후 어떤
일이 일어나는지, 살아서 말할 수 있는 사람은 당연히 아무도 없
다. 나는 죽음의 문턱에서 티모시 켈러 목사님처럼 차분하고 놀랍

도록 희망적이며 기대에 찬 모습을 보일 수 있을지 모르겠다.

팀 켈러 목사님은 내가 크게 존경하는 목사님이자 스승이셨다. 나는 여러 해 동안, 그분이 목회하신 뉴욕 리디머 장로교회 Redeemer Presbyterian Church에 출석했다. 목사님은 오랜 암 투병 끝에 72세로 돌아가셨다. 예전에 나는 70대 어르신들은 연로하시다고 생각했는데, 이제는 그렇게 생각하지 않는다. 목사님은 너무 젊으셨다.

티모시 켈러 목사님(나랑 자주 교회에 같이 다닌 친한 친구 린지 Lindsay와 나는 목사님을 '닥터 K'라는 별칭으로 부르곤 했다)은 내가 하나님을 이해하는 데 지대한 영향을 미치셨다. 목사님은 탁월한 설교가로서, 종교 중심지와는 거리가 먼 듯한 뉴욕시 한복판에 교회를 세우셨고, 이는 네 교회로 성장했다. 목사님은 주일 아침마다 도시를 돌아다니며 여러 예배를 섬기셨는데, 예배가 시작된 후 들어오셔서 설교를 전하시고, 끝나면 다음 예배에 가기 위해 뒷문으로 나가셨다. 목사님이 네 교회에 동시에 계실 수 없었기 때문에, 어떤 주일이든, 목사님이 네 교회 중 어느 곳에 오실지 알 수 없었다. 목사님이 어느 예배 때 설교하시는지 미리 알아보려고 교회 안내원에게 물으면, 목사님이 안 오시는 예배에 아무도 오지 않을까 봐 알려주지 않았다. 그러니 모험으로, 자기가 갈 만한 예배에 가서 그 주에 목사님 설교를 들을 수 있기를 바라는 수밖에 없었다. 찬송가가 울려 퍼질 때, 목사님이 조용히 들어오시는 모습을 보면 마음이 설레었다. 교회가 마치 보노Bono*가 깜짝 어쿠스틱 공연을 하는 비밀 장소 같은 느낌이 들었다. 그런 점에서 교회는 전형적인 맨해튼 같았다. 좋은 자리를 차지하거나 인기 있는 공연 입장권을 얻으려 경쟁하는 건 이 도시의 생활방식이기 때문이다.

내가 뉴욕으로 이사했을 때, 많은 이들이 리디머 교회에 가보라고 했다. 처음 갔을 때, 나는 사람들이 왜 그렇게 호들갑을 떨며 권했는지 이해하지 못했다. 목사님의 전달 방식은 소박했고, 겉모습도 평범했다. 교회 예배는 엄숙하고 건조했으며, 오래된 찬송가를 피아노로 연주했고, 예스럽고 난해한 글을 충실히 읽었다. 그런 다음, 팀 켈러 목사님이 일어서서 설교를 시작하셨다. 목사님의 입에서 성경의 가르침에 대한 훌륭한 해설이 쏟아져 나왔는데, 학문적이면서도 감성적이었다. 내 마음과 머리가 살아났다. 엠마오로 가는 길에서 두 제자가 느낀 것과 같은 감정이었다. "길에서 우리에게 말씀하시고 우리에게 성경을 풀어 주실 때에 우리 속에서 마음이 뜨겁지 아니하더냐"눅24:32.

팀 목사님이 하나님 말씀을 전하실 때 사람들의 마음이 뜨거워

---

* 아일랜드 록 가수

졌다. 목사님은 예스러운 가르침을 생생하게 만드시는 재능이 있었고, 관찰력이 뛰어나고 감동적이었으며, 섬세한 유머가 가득했다. "우리는 생각하는 것보다 죄와 결점이 훨씬 더 많지만, 우리가 바라는 것보다 훨씬 더 큰 사랑과 수용을 경험합니다"[2]와 같이, 선언적이고 간결하면서도 예리한 문장을 자주 말씀하셨다.

· · ·

나는 팀 목사님을 개인적으로 알거나 만나 뵌 적은 없었다. 그러나 나는 목사님의 가르침을 통해 전에 생각하지 못한 방식으로 하나님을 알게 되었다. 이후에 이사해서 리디머 교회를 다니지 못해도, 나는 여전히 목사님의 책을 사서 읽고, 온라인에서 설교를 듣고, 트위터Twitter에서 목사님을 팔로우했다. 그러던 중 2023년 5월, 목사님 아들의 트위터에서 목사님이 삶의 마지막 단계에 접어드셨고 호스피스 돌봄으로 옮기셨다는 소식을 알게 되었다. 그분의 시간은 가까워지고 있었다. 목사님의 아들 마이클Michael이 이렇게 썼다. "우리 가족은 매우 슬픕니다. 우리는 모두 더 많은 시간을 함께하고 싶기 때문입니다."[3] 하지만 팀 켈러 목사님은 예수님을 뵙고 싶어 하셨다.

"나는 예수님을 보고 싶어 견딜 수가 없습니다."

목사님이 선택하신 단어를 주목하라. 예수님을 '만나고' 싶다가 아니라 '보고' 싶다고 하셨다. 목사님은 자신이 가는 곳에 대해 두려워하지 않으셨다. 그곳에 계신 분을 알고 있었기 때문이다. 목사님은 예수님을 처음 만나러 가는 게 아니라, 보러 가는 것이었다.

죽음과 죽는 것에 대해 생각할 때, 두려움이 올라올 때, 이 생각이 위안을 준다. 죽음 후에 대해 우리가 알지 못하는 것투성이지만(내가 어디에 있게 될까? 그곳은 어떨까? 거기서 온종일 뭘 할까? 등), 우리가 알고 있는 분은 바로 '예수님'이시다. 이는 마치 낯선 사람들로 가득한 파티나 직장 행사에 가는 게 두려운 것과 같다. 그 장소에 아는 사람이 한 명만 있어도 부담이 훨씬 덜하다. 내세의 경우, 나의 유일한 위안은 나를 맞아주실 분이 낯선 사람이 아니라 내 친구시라는 점이다.

예수님은 이 세상과 다음 세상 사이의 연결고리이시다. 예수님은 거기에도 계시고, 여기에도 계셨다. 나는 때때로 십자가에 매달리신 그분의 팔을 생각한다. 예수님의 한 손이 다음 세상에 닿고, 다른 한 손이 이 세상에 닿아 있는 모습을 상상한다. 예수님은 연결점이시다. 그분은 우리가 영원과 손잡게 하시는 길이시다.

> 예수님은 이 세상과 다음 세상 사이의 연결고리이시다.

종종 이 사실이 나에게 큰 위로를 준다. 그리고 때로는 여전히 두렵다.

예수를 뵈옵고 경배하나 아직도 의심하는 사람들이 있더라
_마태복음 28:17

제자들은 믿었지만, 의심했다. 이 짧은 한 문장 안에 믿음과 불신이 둘 다 있다. 인간의 모습을 이보다 더 잘 설명할 수 있는 게 있을까? 우리는 하나님이 하시는 일의 일부만 볼 수 있고, 전체 그림은 알지 못한다. 죽음은 가장 큰 미지의 것이다. 당연히, 우리는 두렵다. 당연히, 우리는 질문한다. 우리는 믿는다. 그리고 의심한다. 하나님께는 둘 다 괜찮다. 하나님은 알고 이해하신다.

티모시 목사님이 임종 때 아들에게 말씀하셨다. "내가 떠난다고 해서 안 좋을 게 없단다. 단 하나도."[4] 나는 목사님의 확신을 좋아한다. 목사님이 남기신, 마지막 순간까지 간결하고 예리하고 선언적인 문장을 사랑한다. 그 믿음과 확신과 기대에 찬 소망을 열망한다. 목사님은 마지막 호흡까지 나의 스승이셨다. 아직은 만난 적이 없지만, 나는 목사님을 보고 싶어 견딜 수가 없다.

Timothy Keller was
my teacher until
his dying breath.

팀 켈러 목사님은
마지막 호흡까지
나의 스승이셨다.

Blank Place. Quiet. Nothingness.

This is
where God has the greatest opportunity to do his thing.

6부
목적

PURPOSE

27장

복음의 향기

십 대 시절, 우리 교회 중고등부는 항상 친구들에게 그리스도에 대해 말하라고, 자신의 믿음에 대해 '증언'하라고 했다. ('증언'을 이렇게 동사로 사용하다니! 문법도 맞지 않지만, 섬세한 십 대의 마음에도 거슬리는 단어였다.) 그건 말 그대로, 정말 내가 하고 싶지 않은 일이었다. 나는 청소년 시절 거의 내내, 눈에 띄지 않고 사라지고 싶었다. 나는 십 대 궤도에서 다른 이들과 어떤 모습이나 형태로든 달라 보이고 싶지 않았다. 나는 내 곱슬머리가 싫었다. 통통한 체형도 싫었다. 심지어 내 이름조차 맘에 안 들었다. 특히 그 당시엔 더 그랬다. '사바나Savannah'? 이 이름은 흔치 않아서, 아이들이 마트에서 엄마한테 사달라고 조르는, 여러 이름이 적힌 작은 자동차 번호판 열쇠고리에서 찾을 수 없는 이름이었다. 왜 나는 브리짓Bridget,

데니스Denise, 제니Jenny 같은 이름이 아닐까? 다른 사람들과 다른 모든 점이 나에겐 깊은 수치심의 원천이었다.

예를 들어, 우리 부모님이 돈을 아끼고 모아서 크리스마스 때 사주신 자전거 핸들 모양이 친구들 자전거와 달라서 (설명할 수 없이) 크게 당황했다. 친구들의 자전거 핸들은 휘어져 있었지만, 내 것은 일자로 되어 있었다. 나에게 너무 큰 차이로 다가왔다. 그래서 자전거를 거의 타지 않았고, 부모님은 당황하고 실망하셨다. 차고에 반짝이며 거의 손대지 않은 상태로 방치된 자전거는, 학교에서는 당혹감의 원천이었고, 집에서는 죄책감과 수치심의 원천이었다. 부모님이 힘들게 마련해 주신 선물을 완전히 무시하여 부모님께 상처 입혔다는 걸 알았기 때문이다.

그래서 중고등부 목사님이 친구들에게 예수님에 대해 말하여 그들이 '구원받을' 수 있게 해야 한다고 말씀하실 때, 나는 단호히 '미안하지만 사양할게요'라는 입장이었다. 대학 시절과 성인 초기에도 나는 신앙이나 종교에 대해 솔직하지 않았다. 숨기지는 않았지만, 대화에 군이 그 주제를 꺼내지 않았다. (내 삶은 도덕적인 모범의 전형도 아니었다. 난 여대생 파티에서 개인 맥주 여섯 캔을 들고 다녔던 사람이다!) 이십 대 후반과 삼십 대 초반 일기에서, 신앙에 대해 더 솔직하지 못한 부분을 자책하는 글을 발견했다. 일기에서 나는, 제일 친한 친구들조차 내가 신앙을 얼마나 소중히 여기는지 몰랐다고 고백했다. 하나님은, 내가 숨기고픈 작은 비밀이었다.

설상가상으로, 나는 기독교를 자랑하듯 크게 외치는 사람들 무리에 함께하고 싶지 않았다. "하나님은 [특정 집단 이름]을 미워하신다"라고 쓴 큰 현수막을 들고 시위하는 사람들을 좋아하지 않았다. 하나님이 미워하신다고? 본 조비Bon Jovi*의 노래 제목을 인용하자면, "사랑을 나쁘게 만든다"You Give Love a Bad Name[1]고 생각했다.

그러나,

그럼에도 불구하고, 그럼에도 불구하고,

우리가 하나님의 복음을 나누지 않을 이유는 없다. 사실, 하나님의 말씀을 알리는 것이 가장 큰 이유다. 크게 자랑스럽게.

들어보라. 만약 흰 소파의 빨간 포도주 자국을 기적적으로 제거해 주는 스프레이를 발견했다면, 모든 사람에게 알리지 않겠는가? 왜냐고? 굉장히 좋은 소식이며, 모든 친구가 알기를 바라기 때문이다.

나에겐 이것이 바로 복음을 전하는 정신이다. 하나님이 사랑하신다는 좋은 소식을 사람들에게 전해서 그들도 그 사랑을 경험할 수 있게 하는 건 우리가 해야 할 일이다. 나머지는 하나님께서 하실 것이다.

---

* 미국 록 밴드 이름

. . .

그러나 그리스도의 개선 행렬에 언제나 우리를 참가시키시고, 그리스도를 아는 지식의 향기를 어디에서나 우리를 통하여 풍기게 하시는 하나님께 감사를 드립니다.

_고린도후서 2:14 (새번역성경)

나는 늘 '향기'라는 단어에 놀랐다. '냄새'나 '악취'라고 하지 않았다. 교회에서 여성분들이 향수를 너무 짙게 뿌렸을 때의 강한 향이 아니다. '향기'라 하면 사랑스럽고 기분 좋으며, 무엇보다 부드러운 느낌을 준다. 하나님은 우리가 어떻게 해야 할지를 이 말씀에서 알려주셨다.

예수 그리스도는 누군가에게 자신을 강요하지 않으셨다. 불필요한 장광설로 괴롭히지 않으셨다. 질문에 답하셨고, 이야기를 들려주셨다. 진리를 확고하고 분명하게 말씀하셨다. 거절당했을 때, 항의하거나 저항하지 않으셨다. 사실상, 자신을 죽이도록 내어주셨다. 예수님의 '증언'은 그분의 삶이었다. 예수님의 증언은 귀한 몇 마디 말로 이루어졌다.

성 프랜시스가 한 말로 알려진 이 인용문은 학자들 사이에서, 그 정확한 문구, 의미, 심지어 그가 이 말을 했는지 여부에 대한 의견이 분분하다. (사실 이 책 원고를 검토해 준 신학자는 현대 전문가들이 더 이상 이를 성 프랜시스가 한 말이라고 생각지 않는다고 말했다!) (고마워요, 조엘Joel!) 신학자들에게는 그 여부가 흥미롭겠지만, 우리에게 중요한 요점은 분명하다. 하나님에 대한 좋은 소식, 곧 복음은 우리 말로만 아니라 우리 삶으로, 우리의 성품과 핵심적인 가치를 통해 나누어야 한다는 것이다.

이것이 하나님의 향기를 전하는 삶인데, 이는 우리가 하나님 가까이에 있을 때만 가능하다. 우리가 하나님과 더 많은 시간을 보낼수록, 그 향기는 더 오래 남는다. 사랑과 수용, 부드러움과 용서, 진리와 진정한 평화의 향기 말이다. 우리

하나님에 대한
좋은 소식, 곧 복음은
우리 말로만 아니라
우리 삶으로,
우리의 성품과
핵심적인 가치를 통해
나누어야 한다.

는 억지로 하지 않아도 된다. 그저 하나님의 임재 속에 있으면 하나님의 본질이 우리 일부가 된다. 우리가 그분에게서 멀어지면, 그 향기도 사라진다.

마리아가 값비싼 향유로 예수님의 발을 씻긴 복음서 이야기를 기억한다. 성경은 "향유 냄새가 집에 가득하더라"고 말한다요12:3. 상상에, 그 향기는 하나님의 자애로운 임재 속에서 느낀 사랑과 감사의 향기였을 것이다.

마리아 주위 사람들은 그 비싼 향유를 낭비하다니 사치스럽다고 항의했다. 자선을 위해 그걸 팔아야 했다는 것이다. 그들은 진심으로 가난한 사람들을 돕고 싶었을까, 아니면 마리아 위에서 군림하고 싶었을까? 복음서는 말하지 않지만, 이 한 가지는 말한다. 예수님은 마리아를 옹호하셨고, 가만히 그대로 두라고 모든 사람에게 말씀하셨다. '이 향기를 쏟아부어 향을 퍼뜨려 이 공간을 채우라. 고통과 슬픔과 부족함은 항상 우리와 함께할 것이다. 우리에겐 그 공기를 채울 사랑과 친절과 선함이 필요하다.'

> 그러므로 사랑을 받는 자녀같이 너희는 하나님을 본받는 자가 되고 그리스도께서 너희를 사랑하신 것 같이 너희도 사랑 가운데서 행하라 그는 우리를 위하여 자신을 버리사 향기로운 제물과 희생제물로 하나님께 드리셨느니라
> _에베소서 5:1-2

이 책은 에베소서의 한 구절에서 시작됐다. 한때 나에겐 딱딱하고 멀게 느껴졌던 그 구절. "하나님이 주로 하시는 일은 당신을 사랑하시는 것이다"로 번역된 구절. 신앙에 대한 나의 관점을 뒤바꾼 구절.

그런데 보라. 바로 그 구절의 원문에서 내가 새롭게 발견한 단어가 있었다.

그건 '향기'였다.

이 구절을 천 번은 읽었을 텐데, 이제야 처음 이 단어를 보았다. 하나님은 정말 우리의 언어로 말씀하신다.

우리에겐 확성기나 자동차 범퍼 스티커가 필요 없다. 거리에서 사람들에게 위협적으로 다가갈 필요도 없다. '증언'이라는 단어를 문법적으로 잘못 사용하지 않아도 된다. 하나님과 함께 보낸 시간의 감출 수 없는 증거인 선함, 친절, 사랑이라는 달콤한 향기를 우리 모두가 풍기길 바란다. 그리고 그 향기가 오래도록 공기 중에 남아 있기를.

This is
where God has the greatest opportunity to do his thing.

28장

우리가 주로
하는(할 수 있는) 일

어떤 장면 때문에 깊은 잠에서 깨었다. 이상한 일이었다. 지난 번에 화면을 스쳐 지나갈 때는 거의 신경 쓰지 않았다. 아마도, 전에 너무 여러 번 봤던 터라 무뎌졌기 때문이다. 내가 일하는 곳엔, 온 공간 벽을 가득 메운 텔레비전 모니터에서 케이블 뉴스가 계속 나오는데, 그 뉴스에 주기적으로 등장하는 광고가 있다. 기형적인 외모를 가져 도움이 절실히 필요한, 다른 곳에서 살았다면 쉽게 고치거나 예방할 수 있는 질병을 앓는 이들에게 크루즈 크기의 배에서 무료로 의학 수술을 해주는 '자비호'Mercy Ships라는 아프리카 자선 단체의 광고였다.

그들의 상태는 아주 충격적이고 가슴 아팠다. 야구공만큼 기괴하게 커진 얼굴 종양, 심한 구개열을 앓는 아이들. 이런 이미지들이 한밤중에 나를 깨웠다. 고통 속에 기형인 채로, 왠지 하나님께 죄를 지어 저주받았다고 여기는 문화 속에서 배척당한 채 살아가는 모든 이들을 생각했다. 그들은 그림자 속에서 살아가며, 거의 인간으로 대우받지 못하고 있었다.

이 생각 때문에 잠에서 깼다. "하나님이 주로 하시는 일"이 사랑이라는 걸 이들이 어떻게 느낄까?' 부끄러운 마음이 밀려왔다. 영적으로 서구적이고 특권 의식을 가진, 둔감한 관점이 아닌가.

왜 사람들은 고통받아야 할까? 더 나아가, 왜 어떤 이들은 고통받아야 하고, 어떤 이들은 번영할까? 의심이 고개를 드는 질문이다. 믿음의 시련이다.

답은? 없다. 적어도 좋은 답은 없다. 말이 안 된다. 옳지 않다. 공평하지 않다. 이 땅의 경험이 거의 전적으로 고통으로 점철된 이들이 어떻게 하나님께 사랑받고 소중하게 여겨진다고 느낄 수 있을지 모르겠다. 이런 질문들은 너무나도 불편하고 고통스럽고, 제시된 설명이 만족스럽지 않다 보니, 왜 이런 의문들이 종종 신앙의 치명적인 걸림돌이 되고 하나님에 대한 믿음에 극복할 수 없는 장애물이 되는지 충분히 이해한다.

좋다.

하지만.

우리가 품는 타당한 영적 질문들이 우리가 할 수 있는 일을 막는 걸림돌이 되면 안 된다.

'우리가 주로 할 수 있는 일은 그들을 사랑하는 것이다.'

나는 이것이 하나님께서 우리에게 맡기신 일이라 믿는다.

부당하게 고통받는 이들이 어떻게 '하나님이 주로 하시는 일이 그들을 사랑하는 것'임을 느낄 수 있을까? 그들이 우리에게서 그 사랑을 느낄 때 가능하다.

고통받는 사람들에게 하나님은, 믿기 어려운 분이고 너무 멀리 떨어져 계시고 너무 난해한 개념일 수 있다. 누가 그들을 비난할 수 있겠는가? 하지만 그들 바로 곁에 있는 인간 동료로부터의 사랑, 돌봄, 손길은 그렇지 않아야 한다. 우리가 누군가의 눈을 바라보고, 우리가 가진 겉옷을 내어주고, 낯선 이를 초대해서 같이 앉을 때, 하나님의 사랑을 전할 수 있다. 받는 이가 그것을 인식하느냐 아니냐는 중요하지 않다. 하나님은 사랑에 굶주리거나

> 부당하게 고통받는 이들이 어떻게 '하나님이 주로 하시는 일이 그들을 사랑하는 것'임을 느낄 수 있을까? 그들이 우리에게서 그 사랑을 느낄 때 가능하다.

과민하신 분이 아니고, 인정을 갈망하시는 분도 아니다. 하나님은 자기 백성, 그의 모든 백성이 사랑과 돌봄을 받고 소중히 여겨지기를 원하신다. 하나님은 자녀들이 그 사랑을 전할 때, 영광을 받으신다.

• • •

놀라운 사실이 있다. 이 엄청난, 아직 끝나지 않은 일에 하나님이 우리를 초대하신다는 것이다. 여러분을, 나를, 우리를 초대하셨다. 하나님이 우리 인간을 너무나 높게 봐주셔서 위대한 명령을 맡기셨다. 우리를 그의 대사로 임명하셔서 우리가 그분 안에서 보는 사랑을 모든 곳에 퍼뜨리게 하신다.

뉴욕에는 'A 유형' 사람들*이 가득하다. 나도 그들 중 한 명임을 고백한다. 일하다가 때때로 혼자 투덜거린다. "그냥 내가 직접 이 연구를 하겠어, 이 대본을 내가 다시 쓰겠어. 또는 내가 직접 전화하겠어… 왜냐하면 그게 더 쉬우니까." "뭔가 제대로 하려면 자신이 직접 해야 한다"는 사고방식이다.

그런 표현을 들어본 적 있는가? 스스로 말한 적이 있는가? (나

---

* 긴장하고 조급해하며 경쟁적인 특성을 가진 사람

도 찔린다!) 이는 다른 사람을 궁극적으로 무시하는 표현이다. 그렇지 않은가? 사실상 이렇게 말하는 것이다. "당신은 이 일을 도울 만큼 능력이 충분하지 않아요. 당신은 제대로 하지 못할 거예요. 이 일은 당신이 하기에 너무 어렵고, 너무 크고, 너무 복잡해요." 믿음이 부족하고 확신하지 못한다는 것이다. 다른 사람이 빛을 발하고, 놀라운 일을 하고, 꽃 피울 기회를 차단하는 것이다.

이것은 하나님의 방식이 아니다. 하나님은 반대로 말씀하신다. "나와 함께 가자… 내가 하는 일을 어떻게 하는지 너에게 보여주겠다. 내가 사람들을 완전하게 사랑하는 방법을 보여주겠다."

잠시 생각해 보자. 온 우주의 하나님이 우리가 가치 있고 그 일을 해낼 능력이 있다고 믿으신다. 하나님이 우리를 이 일에 초대하실 때, 인류에게 최고의 영예, 궁극의 존엄을 부여하신다. 하나님은 우리에게 사명과 의미를 주신다.

부나 명성이나 지식이나 지혜나 아름다움이나 칭찬보다 우리가 갈망하는 것은 목적이다. 하나님은 우리에게 '서로 사랑하라'는 깊고 신성한 목적을 주시고, 모두를 그 일에 참여하게 초대하신다. 예수님은 항상 우리를 '2안'이 아닌 '1안'으로 여기셨다.

• • •

얼마 전, 뉴욕에서 슬프게도 익숙한 광경을 목격했다. 집도 없이, 음식이 필요하다고 쓴 종이판을 든 남자가 있었다. 그 장면에 눈길이 한 번 더 간 건, 그 곁에 어린 두 아이도 종이판을 들고 있었기 때문이다. 나는 딸을 방과 후 프로그램에 데려가고 있었는데, 그 아이들 나이가 우리 딸과 비슷해 보였다. 그 낯선 이의 아이들과 우리 아이들의 삶이 얼마나 다른지, 그리고 그것이 근본적으로 얼마나 불공평한지 생각했다. 죄책감이 밀려왔다. 늦은 탓에 평소처럼, 계속 걸음을 재촉하며 딸을 데려다주었다. 아이가 그 장면을 보지 않기를 바랐다.

돌아오는 길에, 그 가족 곁을 지나가며 저녁을 사줘도 될지 물어보기로 결심했다. 그들을 마주쳤더니, 누군가가 나보다 먼저 그들을 도운 터였다. 아이들은 갓 구운 피자를 기분 좋게 먹고 있었다. 하지만 그 아버지는 먹고 있지 않았다. "안녕하세요," 내가 말했다. "다른 음식을 사드릴까요? 바로 길 건너에 서브웨이Subway 음식점이 있어요. 샌드위치를 사드릴 수 있습니다."

그의 대답에 나는 화들짝 놀랐다. "저기 아래에 양고기 샌드위치를 파는 곳이 있어요." 그는 다음 블록을 가리키며 말했다.

'그…그래요.' 나는 생각했다. 정말 놀랐다. 그가 특정한 음식을 요구하다니 좀 언짢았다. '거지들도 선택할 수 있지, 뭐.' 비난하는 마음으로 빈정거렸다. 곧 부끄러워진 나는 잘못을 자책했고, 우리는 양고기 샌드위치를 파는 곳으로 함께 걸어갔다. 나는 그 가족을 위해 음식과 물을 사준 후, 가던 길을 갔다.

이 이야기를 내가 자선 행위를 자랑하기 위해 했다고 생각한다면, 재고해 보라. 나는 집으로 걸어가면서 가슴 아프게 깨달았다. '예수님이라면 어떻게 하셨을까?' 예수님은 샌드위치를 사주고 떠나는 것 이상을 하셨으리라 확신한다. 예수님이라면 음식을 사주고 나서 그들과 함께 앉아 식사하셨을 것이다. 그 남자에게 이야기를 묻고 가족에게 더 필요한 게 무엇인지 물으셨을 것이다. 연락처를 교환하고 계속 연락하셨을 것이다.

예수님이 우리에게 명하신 사랑은, 잠시 다가가거나 거리를 두지 않는다. 이따금 살짝 손 내밀었다 사라지지 않는다. 그 사랑은 깊이 빠져들고 집중적으로 쏟아붓는다. 그것은 결국 예수님이 우리를 사랑하시는 방식이다. 예수님의 사랑은 모든 것을 내어주시는 사랑이다.

자, 우리는 인간이다. 모든 자녀에게 무조건적인 사랑을 베푸시는 하나님의 수준에 도달할 수 없다. 죄책감을 주려는 게 아니다. 이것은 염원이다. 소망이다. 소명이다. 우리의

> 예수님의
> 사랑은
> 모든 것을
> 내어주시는
> 사랑이다.

가능성에 대한 믿음이다. 그 수준의 사랑에 도달하지 못했다고 벌점을 받는 게 아니다. 유일한 실패는, 시도하지 않는 것이다.

낯선 이들을 사랑하기는 어렵다. 자신을 드러내고 취약해지는 건 두렵다. 친구나 가족에 대해서도 마찬가지다. 우리의 본능에만 따르면, 대다수는 그 일을 할 수도 없고, 할 생각조차 없을 것이다. 우리는 종종 자신의 현실적인 고민에 너무 바쁘고, 몰두하고, 사로잡혀 산다. 그러나 하나님이 우리에게 보여주신 사랑으로 가득 차면(그리고 그 사랑에 흠뻑 젖어 들기로 선택하면!) 나눌 사랑이 풍성하게 넘친다. 그런 사랑은 우리를 기쁨으로 가득 채운다. 하나님이 친히 도와주셔서, 우리가 스스로 생각한 것보다 훨씬 더 많은 일을 할 수 있게 된다. 하나님은 그 길을 우리에게 보여주신다.

• • •

자비호에서 의사들은 약을 투여하기도 전에, 수술 절개를 하기도 전에 치유가 시작된다고 말한다. 치유는 진료소 문에서부터 시작된다. 누군가가 그들에게 인사하고, 손잡아주고, 눈 맞추고, 기형의 신체 너머를 보는 순간, 치유가 시작된다. 마치 이렇게 말하는 것과 같다. "당신이 거기 있다는 걸 알아요. 난 당신을 보고 있어요."

우리는 주변의 고통에서 시선을 돌리고 싶은 유혹을 많이 받는다. 그리고 '미안해요. 난 당신을 볼 수 없어요'라고 생각하는 것이 가슴 미어지게 이해된다. 자비호의 간호사가 눈물을 흘리며 말했다. "이들은 평생 사람들에게 그런 말을 들으며 살아왔어요. 누군가는 그들을 보아야 해요. 누군가는 그들의 눈을 바라보고, '당신은 인간이며, 나는 당신을 한 인간으로 알아본다'고 말해주어야 해요."

우리가 그 일을 할 수 없다고 느낄 때, 고난과 불완전함과 고통에 가까이 갈 수 없다고 느낄 때, 하나님이 우리에게 그렇게 다가오신다면 우리가 어디에 있을지 상상해 보라. 하나님은 절대로 그렇게 하지 않으신다. 하나님은 우리의 어그러진 모습, 즉 우리의 자아도취, 우리의 옹졸함, 우리의 탐욕, 우리의 기만 너머를 보신다. 하나님은 우리의 실패 너머를 보시고, 우리 영혼을 보신다. 하나님은 우리 마음을 보시고, 하나님이 우리를 어떻게 계획하셨는지를 보신다. 하나님은 사랑을 풍성하게 부어주신다.

그리고 그것이, 우리도 주로 할 수 있는 일이다.

여호와께서는… 그 지으신 모든 것에 긍휼을 베푸시는도다
_시편 145:9

Blank Place, Quiet, Nothingness. ♡

This is
where God has the greatest opportunity to do his thing.

29장

새로운 출발

나는 가끔 대학 졸업식 축사 요청을 받는다. 이는 큰 영광일 뿐만 아니라, 대학교들이 대개는 명예 학위도 준다! (명예 학위로 뭘 할 수 있는지는 모르지만, 신발이 그렇듯, 학위도 많으면 많을수록 좋지 않을까?) 요청받으면 보통 수락해 놓고는… 곧바로 후회한다. 이제 막 성인으로서 삶을 시작하려는 이들에게 전할 감동적이고 의미 있고 흥미로운 메시지를 고민하자면 겁이 난다. 졸업 연설에서 무슨 말을 듣고 싶었는가? 졸업식에서 누가 연설했는지 기억이나 하는가? 그렇다. 나는 불쌍한 졸업생들을 상상한다. 어색한 모자와 가운을 걸치고 꼼짝없이 앉아서, 늦봄 땡볕에, 날은 덥고, 숙취는 괴롭고, 브런치 가게에서 해장술로 블러디 메리 칵테일을 시원하게 들이켜길 꿈꾸면서, 연설자가 ('이 사람은 대체 누구야?') 그저 빨리 끝

내 주기만을 바랄 테다.

내가 바로 그런 사람이었다.

한편, 다음 세대에게 말한다는 건, 잠시 멈추어 인생을 찬찬히 들여다보고, 경험을 넓게 보며, 자신이 배운 것을 되돌아보는 놀라운 기회이기도 하다. 소중한 친구이자 〈TODAY Show〉 동료인 호다 코트비Hoda Kotb는 여가 시간에 졸업 연설 듣기를 좋아한다. (다른 동료들은 〈The Real Housewives〉현실적 주부들 같은 리얼리티 TV쇼를 보면서 쉬는데 말이다.) 호다는 최고의 연설자들이 '자기가 가진 전부'를 쏟아낸다고 말한다. 평생 자신이 축적한 모든 경험과 지식을, 마치 주머니 속을 뒤집어 잔돈을 남김없이 찾아내듯이 뒤져서 꺼낸다. 그들은 삶을 움켜쥐고 마지막 한 방울까지 지혜를 짜낸다.

나는 이제 막 인생과 경력을 시작하는 젊은 청춘들에게 정말 공감한다. 벼랑 끝에 서서 자기 앞에 놓인 온 인생에 많은 기대를 건다. 하지만 불확실성, 희망, 두려움, 포부가 뒤섞인 감정의 도가니를 품고 있기도 하다. 나는 청년기를 낭만적으로 말하는 중년의 어른들을 이해할 수 없었다. 물론 주름 없는 얼굴(그리고 괜찮은 복근)은 마다하지 않겠지만, 나를 가장 괴롭혔던 젊은 날의 걱정들은 다시 하고 싶지 않다. 불안하고 혼란하던 마음이 기억난다. '정말 내가 괜찮은 사람을 만나 가정을 이루게 될까? 이 도시를 떠나서 성공할 수 있을까?' 야망 같은 것이 내 안에서 불타고 있었지만, 불안하고 두렵고, 때로는 어디서부터 시작해야 할지 몰라 무기력했다.

그래서 졸업식 날, 연단에 설 때, 나는 군중 속에 있는 젊은 시절의 나, 그러니까 희망에 가득 찬, 한껏 머리를 띄운 스물한 살의 나에게 말한다고 상상한다. 난 그녀에게 무슨 말을 하고 싶을까?

이런 말을 할 것이다.

네가 얼마나 많이 '인생을 망쳤다' 또는 '경력을 망쳤다'고 느끼게 될지 아니? 그런 일은 꽤 많단다. 어머나, 또 망쳤네.

하지만 하나님은 놀라지 않으신단다. 하나님은 너의 몇몇 실수를 처리하실 수 있단다.

네 실수를 하나님께 가지고 가렴. 그 실수를 놀랍고 아름다운 무언가로 엮어가실 거야.

• • •

때때로, 내가 어떻게 '여기까지 왔는지' 사람들이 묻는다. 나는 미소를 짓는다. 그 길은 곧은 탄탄대로가 아니었다. 지그재그, 점선, 때론 끊어진 선, 멈춤과 우회, 재앙의 길이었다. 너무 일찍 끝나버린 시작들, 끝이 시작이 된 경우도 많았다.

시작은 좋은 출발점이다. 내가 일하는 텔레비전 뉴스 분야의 첫 직장으로 돌아가 보자. 당시 나에게 "미래의 〈TODAY〉 진행자!"라고 외쳐주는 이는 없었다. 사실, 나는 첫 직장에서 2주 만에 해고되었다.

나는 애리조나 대학에서 저널리즘 학위를 갓 취득하고, 텔레비전 뉴스 분야에서 직장을 찾으려고 노력했다. 쉽지 않았다. 방송 분야 일자리는 희소했고, 뻔한 상황이었다. 구인 광고들은 모두 방송 경험이 있는 사람을 원했다. 하지만 방송 경험이 없는 사람이 어떻게 방송에 나갈 수 있겠는가? 나에겐 기회가 필요했다. 내게 첫 기회를 줄 누군가가 필요했다. 하지만 솔직히 나라도 나를 뽑지 않았을 것이다. 객관적으로 나는 형편없었다. 내 목소리는 어린아이처럼 앵앵거렸고, 내 머리 스타일은… 언급하지 않겠다. 하지만 몇 달 동안 검색하고 전국에 이력서 테이프를 보낸 끝에, 전국에서 가장 작은 TV 시장을 가진 몬태나주의 작은 마을, 뷰트에서 일자리를 얻었다. 회사는 나를 보지도 않고 연봉 13,000달러*에 고용했다. 나는 총 네 명의 뉴스룸 직원 중 한 사람이 되었다. 그 일을 하게 되어 다행이었고 기뻤다! 이제 나의 길을 갈 줄 알았다. 친구들은 거창한 송별회를 열어주었다. "넌 앞으로 제2의 조안 런

---

* 한화 약 1,800만 원

던Joan Lunden**이 될 거야!"라며 열렬히 응원해 주었다.

나는 애리조나주 고향에서 출발했다. 내 평생 처음, 집을 떠났다. 아버지는 내가 고등학교 3학년 시작하기 직전에 돌아가셨고, 언니와 나는 둘 다 지역 대학을 다녔다. 기숙사 비용을 감당할 수 없었기 때문에 집에서 살았다. 어쨌든 우리는 어머니와 함께 있어야 한다고 생각했다. 졸업 후, 몬태나 뷰트로 이사하는 것은 내 경력뿐만 아니라 인생의 중요한 순간이었다.

나는 차에 짐을 싣고 이틀간 운전했다. 어머니가 함께 가서서 첫 집 구하는 걸 도와주셨다. 작은 침실 하나짜리 아파트였는데, 뷰트에 광산 붐이 일었던 1800년대 후반 이후로 손대지 않은 듯한 건물이었다. 아파트에 필요한 물건을 사러 어머니와 함께 월마트 Walmart*에 갈 때의 기쁨을 기억한다. 어머니가 사주신 작은 파란색과 노란색 꽃 그림이 있는 식기 세트 네 개는 아직도 눈에 선하게 기억난다(그중 머그잔 하나를 아직 가지고 있다). 내 인생을 시작하는 게 기뻤다. 나만의 아파트, 새로운 도시, 진짜 직업. 첫 출근 날, 빨간 정장 재킷을 입고 의욕 넘치게 출근했다. '몬태나 뷰트여, 내가 왔다!'

** 미국 유명 방송기자
* 미국 대형 마트

열흘 후, 방송국이 문을 닫았다. 농담이 아니다. 끝나버렸다. 가진 돈을 죄다 써가며 국토를 횡단하기 전에, 우리 상사들이 왜 예산 절감 조치를 계획하지 못했는지는 알 수 없다. 하지만 그 일은 일어나고 말았다. 텔레비전 방송 경력을 처음 시작한 지 2주도 안 되어 해고되고 말았다.

너무나 참담하고 굴욕적이었다. 나는 달그락거리는 방열기가 켜진 작은 아파트 침대에 다리를 꼬고 걸터앉아 울면서, 제대로 시작조차 못 한 경력의 끝을 맞이했다. '언젠가 이 상황을 떠올리며 웃을 날이 올 거야.' 스스로 말했다. '하지만 그날이 오늘은 아니잖아.' 나는 바닥을 치는 것 같았다. (내 기억이 맞는다면, 수많은 맥주병으로도 바닥을 쳤다.) 내가 돌아갈 곳은 고향밖에 없었다. 다시 어린 시절 내 방으로, 몇 주 전 그렇게 희망을 품고 나를 환송해 준 친구들에게로 돌아가는 수밖에 없었다. 시작은 실패였다. 나는 이틀간 혼자서 이런저런 생각에 잠긴 채 아이다호와 유타, 애리조나주를 운전해서 돌아갔다. 나 자신이 불쌍했다. 이 정신 나간 꿈을 포기하고, 다른 친구들처럼 평범한 홍보 일을 찾아야 할지 고민했다.

하지만 상처 입은 마음을 몇 주간 추스른 후, 꿈꾸던 길로 계속 가기로 결심했다. 다시 구직활동을 시작했다. 첫 단계로 돌아가, 전국에 이력서 테이프를 보내고 첫 번째 큰 기회를 다시 얻으려 노력했다. 확실히 한 달 정도 만에 다시 직장을 얻었다. 그리고 중요한 것은, 이번이 더 나은 직장이었다는 점이다. 훨씬 더 좋았다. 시장도 더 크고, 뉴스룸도 더 크고, 심지어 급여까지도 높았다 (15,000달러*였다!). 그래서 깨달았다. 몬태나 뷰트에서의 열흘 간의 짧은 경험이 없었더라면 나는 그 직장을 얻지 못했을 것이다.

내가 배운 첫 번째 교훈: 잘 활용만 하면, 낭비되는 기회란 없다. 계속 앞으로 나아가자.

두 번째 교훈: 집을 떠나야 한다.

물론 문자 그대로 자기 고향을 떠나 새로운 도시로 가라는 뜻이 아니다. 그러나 정서적 고향, 안전지대, 자기가 잘 알고 통제할 수 있는 곳, 안전하다고 느끼는 곳, 자신이 대개 옳고 도전적이지 않은 곳을 떠나야 한다. 편안한 곳에서는 도전이 없다. 그런 곳에서는 자신이 진정 누구인지 발견할 수 없다.

자신의 목적을 발견하려면, 불편을 느껴야 한다. 왜 그런지 모르지만, 가장 많이 꽃 피우고 성장할 수 있는 결실의 계절은 항상, 늘, 필연적으로, 위험 너머에 있다. 대담한 선택 너머에 있다. 두려움 너머에서 기다리고 있다.

---

* 한화 약 2,000만 원

> 편안한 곳에서는
> 도전이 없다.
> 그런 곳에서는
> 자신이 진정
> 누구인지 발견할
> 수 없다.

하나님도 거기서 당신을 기다리고 계신다.

우리가 안전지대를 벗어나면, 결핍이 있는 곳으로 가게 된다. 그곳에서 하나님이 일하시는 기회가 생긴다. 그렇다. 하나님은 우리가 어떤 사람인지 알게 하시지만, 하나님이 어떤 분이신지도 보여주신다. 우리는 하나님을 의지하고, 신뢰하며, 그분께 소망을 두고, 완전히 새로운 방식으로 그분을 알게 된다.

분명히 해두자. 이것은 하나님이 우리가 원하는 대로 모든 것을 이루어주실 거라는 막연한 확신이 아니다. 그곳에서 하나님이 우리를 붙드실 거라는 순전한 확신이다. 그리고 그 모험은 그 자체로 가치가 있다. 이것을 배울 수 있다면.

· · ·

나는 인생에서 몇 차례의 모험을 경험했다. 방금 말한 텔레비전 방송 경력을 기억하는가? 그렇게 힘겹게 시작한 경력, 어떻게 됐을까? 꽤 잘 진행되었다. 나는 지역 뉴스에서 6년 가까이 일했고, 더 큰 방송국으로 올라가, 결국 고향의 NBC 계열 지역 방송국에서 주말 앵커를 맡았다. 좋은 직장과 괜찮은 아파트를 가졌고, 주변에 친구들과 가족이 있었다.

바로 이때, 나는 모든 것을 내려놓고 로스쿨에 가기로 결심했다(경력 망친 횟수: 두 번).

나는 다시, 친숙했던 모든 것을 뒤로 하고, 넓은 국토를 가로질러 워싱턴 DC로 이사했다.

빠르게 넘어가자. (계약, 법령, 불법 행위 따위의 단어를 듣고 좋아할 사람은 없을 테니까.) 나는 조지타운대 로스쿨을 졸업했다.

변호사 자격을 취득하고, 큰 법률 회사에서 일했다. 명망 높은 연방 판사님의 법률보좌관이 되는 절차를 밟고 있었다. 젊은 변호사들이 선망하는 자리로, 경력을 쌓고 뛰어난 법률가로서 성공 대로가 열리는 기회였다. 법원 근무를 시작하기 몇 달 전이었다. 내 진로는 정해져 있었다.

그런데 그때, 불현듯 깨달았다. 그건 진정한 나의 꿈이 아니었다. 누군가의 꿈일 순 있겠지만, 내 꿈은 아니었다.

여러 해 동안, 나는 내가 가진 꿈을 스스로 인정하길 쑥스러워했다. 하지만 갑자기 그 꿈을 부인할 수 없었다. 내가 정말 원한 것은 언론 일로 돌아가는 것이었다. 나는 텔레비전 뉴스에서 정말 성공하고 싶은 꿈을 여전히 가지고 있었다. 이번에는 전국 방송

수준에서. 다음, 나는 정신 나간, 상상도 할 수 없는 일을 저질렀다. 나는 법률보좌관 일을 시작하기도 전에 그만두었다.

(경력을 망친 횟수: 세 번)

여러분이 법률보좌관에 대해 얼마나 알고 있는지 모르겠지만, 사실 누구도 연방 판사에게 거절 의사를 밝히지 않는다. 그런 일은 일어나지 않는다. 나는 판사님을 찾아뵈어, 직접 그만두겠다고 말씀드렸다. 판사님이 하신 질문을 잊지 못한다. "일하고 있는 직장이 있어요?" 나는 아니라고 답했다. "유망한 일자리가 있어요?" 나는 고개를 저으며 아니라고 답했다.

"알겠습니다." 사무실에 있는 이 정신 나간 사람을 보며 어리둥절한 판사님은 아마 처음에 이 사람이 어땠는지 의아해하며 말씀하셨다. 그러나 상황을 돕고 조언해 주려 하셨다. "무슨 말인지 이해합니다." 그분이 말씀하셨다. "그래도 나랑 같이 1년간 일해보면 어때요? 더 좋은 기회를 얻는 데 도움이 될 거예요. 그런 다음, 꿈을 좇아가면 되잖아요."

그분과 나는 엄숙한 방 소파에 앉아 있었다. 진실의 순간이었다. 나는 판사님을 보고 말씀드렸다.

"판사님 말씀이 옳다는 걸 압니다. 해주신 말씀이 전부 완벽하게 옳다는 것도 압니다. 하지만 저는 저 자신을 압니다. 지금 당장

하지 않으면 다시는 용기를 못 낼 것 같습니다." 판사님은 한숨을 쉬시더니, 미소 지으며 행운을 빌고 문까지 배웅해 주셨다. 훌륭한 분이시다.

나에게 진실의 순간이었고, 모험의 순간이었다.

법원을 걸어 나오고 나서, 내게 아무것도 없다는 걸 깨달았다. 정말 아무것도 없었다. 완벽하게 펼쳐진 법률 분야의 미래를 통째로 날려버렸다. 그러나 어쨌든 나는 도약했고, 긴 이야기를 줄여 말하면, 몇 달 후 법률 방송에서 일을 찾았다. 재판 TV 프로그램의 전성기였고, 마침 법정 TVCourt TV에서 변호사이면서 방송 경험이 있는 기자를 찾고 있었다. 다시 말하면, 나한테 완벽한 일이었다. 그렇게 여러 번 망쳤던 나의 경력이 새로운 경력의 길이 되었다. 내가 꿈꾸던 일이 실현되기 시작했다.

• • •

모든 것이 쉬웠다고 말하려는 건 아니다. 몇 개월 동안 광야와 같은 시간을 보냈다. 밤마다 잠 못 이루며 뒤늦게 고민하는 나날들을 보냈다. 나는 행복한 결말이 있으리라는 걸 알지 못했다. 그것이 핵심이다.

우리는 인생을 살면서 한두 번의 모험을 해야 한다. 때로는 자신의 결정 때문일 수 있고, 때로는 삶이 우리를 구석으로 내몰 수 있다. 우리는 모험의 도약을 하고, 때로 착지에 성공한다. 두 발로 땅을 단단히 딛고 선다. 강한 다리, 고양된 정신. 만면에 미소를 지으며 고개를 든다. 군중들이 모여 우릴 경이로운 눈빛으로 바라본다. 손 흔들고 박수하며 우리의 탁월함과 우아함을 감탄한다. 소셜 미디어에서 백억 개의 '좋아요'를 받는다.

어떤 경우에는(내가 말한 것보다 더 자주) 착지에 성공하지 못한다. 우리는 불안정하게 착지하여 무릎을 꿇는다. 또는 넘어지고 목표에 한참 미치지 못해 실패한다. 내리막으로 치달아 바닥까지 떨어진다. 다치고, 긁히고, 당황스럽고, 피도 난다. 우리가 다음에 하는 행동이 모든 것을 결정한다.

우리는 다시 올라갈 것이다.

우리는 계속 오를 것이다. 왜냐하면 혼자 가는 게 아니기 때문이다. 하나님이 우리와 함께하시며 우리를 위해 계신다. 사실, 하나님은 우리가 청하기만 하면 함께하실 준비가 되어 있으시다. 실패하고 허우적대면서 하나님이 신실하시고 참되심을 알게 되는 것, 그보다 우리를 하나님과 더 단단한 관계로 잇고 믿음을 강하게 만드는 경험도 없다고 생각한다.

· · ·

나는 다시 연단에 선다. 더운 가운과 어색한 모자를 걸치고, 모조 학위를 쥐고 있다. 나의 졸업식을 시작한다. 자, 마음 깊은 곳에서 하고픈 말들을 꺼낸다. 젊은 시절의 나에게 해주고 싶은 말들을 시작한다.

우리의 잘못된 결정조차 만회될 수 있다. 그건 끝이 아니다. 이 선택 또는 저 선택은 최종적인 끝이 아니며, 할 수 있는 유일한 시작도 아니다. 우리가 무엇을 했든지(물론 합리적인 범위 안에서, 법적으로도) 자신의 인생이나 경력이 돌이킬 수 없이 망가지지 않았다. 단지 다른 길을 가고 있을 뿐이다.

혹은 정말 경로에서 멀리 이탈하여 길이 더 힘들고 구불구불할 수 있다. 이때는 하나님이 빛을 발하시는 위대한 순간이다. 자신의 혼란 속으로 하나님을 초대하라. 신앙이란, 어느 길이든 우리가 가야 할 곳으로 하나님이 우리를 데려가실 거라는 믿음이다. 우리는 그분의 인도하심을 벗어날 수 없다. 하나님은 우리를 놓아두지 않으신다.

하나님은 우리 재난과 실패를, 만회하는 무언가로 고치실 수 있다. 우리가 마

> 우리의 잘못된
> 결정조차
> 만회될 수 있다.
> 그건 끝이 아니다.

주하는 도전, 올라야 하는 절벽, 짊어져야 하는 무게, 이것이 우리를 더 가치 있고 강한 무언가로 만든다. 미래의 위대함과 가장 놀라운 도약을 위해 우리를 준비시킨다.

삶이 왜 그렇게 되어야 할까? 나도 모르고, 여러분도 모른다. 그냥 그러하다. 그러니 문제를 친구로 삼는 법을 배우라. 문제를 고민거리로 여기지 말고, 스승으로 삼아라. 아니면, 문제들이 나를 구해내어, 진정 나를 위한 다른 방향으로 인도한다고 상상해 보라.

내가 아는 것은 이것이다. 우리의 장애물, 깨어진 곳, 치유된 부분, 자신이 극복한 것들, 이것이 우리의 힘과 아름다움의 원천이다. "내가 두려워하고 무서워하던 일이 일어난 게 감사합니다. 그 일이 없었다면 지금의 나는 없었을 겁니다. 긍휼히 여기는 마음이나 공감을 배우지 못했을 거예요. 내 안에 있는 결단력이나 용기를 알지 못했을 겁니다"라고 말할 때가 올 것이다.

위험을 통해, 역경을 통해, 하나님은 자신을 드러내시고 우리의 진정한 모습을 드러내신다. 우리의 목적, 우리의 중요성, 우리의 의미를 드러내신다. 그 길은 우리가 망가뜨릴 수 없다.

사람이 마음으로 자기의 길을 계획할지라도 그의 걸음을 인도하시는 이는 여호와시니라

_잠언 16:9

God is not daunted.
He can handle a few
of your missteps.

하나님은 놀라지 않으신단다.
하나님은 너의 몇몇 실수를
처리하실 수 있단다.

Blank Place, Quiet, Nothingness.

This is
where God has the greatest opportunity to do his thing.

30장

성찬식

"그리스도께서 당신을 위해 몸을 찢으셨습니다. 그리스도께서 당신을 위해 피 흘리셨습니다."

전 세계 교회에서 매주 성찬식의 신성한 말들이 상상할 수 있는 모든 언어로 전해진다. 정확한 문구는 교단이나 전통에 따라 다를 수 있지만, 의식은 같다. 예수님이 마지막 만찬 때 시작하신 의식이다. 나는 이 문구를 수백 번, 아니 수천 번은 들었을 거다. 여러분도 마찬가지일 것이다. 하지만 최근까지, 나는 그 말을 직접 해본 적은 없었다.

뉴욕에 있는 우리 교회는 다른 교회들과 마찬가지로, 자원봉사자들이 필요하다. 안내 자원봉사, 설치 자원봉사, 철거 자원봉사,

음향 영상 자원봉사, 합창 자원봉사, 읽기 자원봉사, 자원봉사자 관리 자원봉사 등이 필요하다. 사랑하는 목사님들이 교회의 지도자이시지만, 주일이 되면 그 역할을 감당하시도록 성도들이 돕는다.

예배 때 성도들이 성찬식을 돕기도 한다. 나는 거의 10년간 이 교회를 다니면서, 기도문이나 축도문 작성을 돕는 일에 자주 참여했지만(한두 번 '설교'를 한 적도 있다!), 성찬식 봉사에 자원한 적은 한 번도 없었다. 아마도 나는 겁이 났거나, 내가 부족하다고 느낀 것 같다. 나는 교회에서, 나만의 영적 골방에 들어가 혼자 있기를 좋아했던 것 같다.

그러던 어느 날, "제가 다음에 성찬식을 도와도 될까요?"라고 용기 내어 물었다. 자원봉사를 조정해 주시는 분은 매우 효율적이고 일정의 공백을 없애려 애쓰시는 분이라 나를 곧바로 일정에 넣어주셨다.

• • •

마이클Michael 목사님이 빵 접시를 들고 계신다. 나는 잔을 들고 있다. 우리는 예배실 중앙에 선다. 음악이 나온다. 한 사람씩 앞으로 나아온다.

사람들이 온다. 모든 종류의 사람들이 온다. 마음을 열고, 받아들일 준비가 된 이들이다. 빵을 받는다. 마이클 목사님이 말씀하신다.

"그리스도께서 당신을 위해 몸을 찢으셨습니다."

이들은 빵조각을 포도주 잔에 넣고 적신다. 나는 그들과 눈을 마주친다.

"그리스도께서 당신을 위해 피 흘리셨습니다."

의식이 반복된다. 다시, 또다시. 사람들이 오고, 오고, 온다. 어떤 이는 자신감과 기쁨에 차 있고, 어떤 이는 수줍어하거나 쓸쓸한 모습이다.

"그리스도께서 당신을 위해 피 흘리셨습니다."
"그리스도께서 당신을 위해 피 흘리셨습니다."
"그리스도께서 당신을 위해 피 흘리셨습니다."

반복되지만, 천편일률적이지 않다. 오히려, 이들과의 모든 만남이 각기 독특하게 다가오고, 중요한 의미가 있다. 하나님께서 각 사람의 마음을 개별적으로 어루만지시는 순간이기 때문이다.

이 복을 나누고 그런 순간의 역할을 하는 게 얼마나 드문 기회이며 놀라운 특권인지 모른다. 나는 서서 사람들이 천천히 앞으로 나아오는 모습을 보며, 하나님의 구원 약속, 인류를 구원하시는 그 위대한 약속이 얼마나 개인적이고 구체적으로 각 사람을 향해 전해지는지 새삼 깨닫는다. 그 약속은 내 것이며, 여러분의 것이며, 그들의 것이다. 거기에는 배제되는 '다른' 이가 없다.

그러나 무엇보다 중요한 것은, 그 약속이 우리 모두의 것이라는 점이다.

'성찬식'.

이 단어 자체가 성례가 고독하게, 혼자 이루어지는 게 아님을 상기시킨다. 그것은 본질적으로 공동체적이다. 우리는 하나님을 만날 뿐만 아니라 서로를 만난다. 우리는 성찬식을 함께 한다. 왜냐하면 그 약속이 우리에게 함께 속해 있기 때문이다. 우리를 서로 영원히 연결하는 끈이다. 주일 아침에만이 아니라, 어디서나, 언제나.

• • •

인간 동료들을 바라보며. 잠시, 단 1초 동안이라도, 하나님이 그들을 보시는 방식으로(사랑스러운 자녀를 바라보는 아버지의 눈으로) 바라보는 건 깊고 감동적인 경험이다.

보라 아버지께서 어떠한 사랑을 우리에게 베푸사 하나님의 자
녀라 일컬음을 받게 하셨는가 우리가 그러하도다

_요한일서 3:1

그리고 우리가 그분의 자녀라면, 여러분과 나 역시 형제자매이
다. 형제지간, 가족이다.

가끔은 이런 공동체 의식을 교회 밖에서도 느낀다. 동네 거리
를 걸을 때나 지하철을 타고 갈 때도 의식한다. 순간, 나는 휴대전
화의 방해나 내면의 세계에 몰두하던 일에서 벗어나게 된다. 마음
의 눈을 가늘게 뜨고, 하나님이 보시는 것을 보려고 노력한다.

너무도 강력하다. 나는 어떤 사람들에게 매료되기도 하고, 어
떤 이들에겐 혐오감을 느끼고, 어떤 사람은 굉장히 두렵다. 여긴
뉴욕이니까. 하지만 나를 돌아보는 순간에(너무 드물긴 하지만) 두려
움과 얕은 판단을 넘어 각 사람을 개별적으로 생각하려고 노력한
다. 그들을 하나님의 눈으로 바라보며, 그들이 진정 누구인지, 각
사람이 그분의 형상을 지니고 있음을 보려 노력한다. 그들을 응시
하며, 나처럼 모든 인간이 자신에게 주어진 길을 걷고 있음을 기억
한다. 어떤 사람들은 인생 최고의 날을 보내고 있을 수 있다. 아마
도 약혼했거나, 바라던 큰 승진을 했을 수 있다. 혹은 복권에 당첨
됐을 수도 있다(그런데 왜 여전히 지하철을 타고 다닐까?)! 어떤 이들은

최악의 나날을 보내고 있을 것이다. 배신당한 걸 알게 됐거나, 직장을 잃었거나, 심각한 병을 진단받았을지 모른다. 대부분의 사람은 아마 그저 평범한 화요일을 보내고 있을 것이다. 상황이 어떻든 간에, 하나님은 그들 모두를 내밀하게 알고 계신다. 그들의 역사, 그들의 마음, 그들의 희망과 열망, 그들의 고통과 개인적 고뇌를 아신다.

하나님은 "기묘하"고 "기이"하게 지으신시139:14, 사랑받는 창조물인 우리의 뼈, 세포, 골수까지 알고 계신다. 그저 경이로울 뿐이다. 하나님이 나를 아시는 방식과 그분이 베푸시는 깊은 돌봄을 보면, 그분이 각 사람을 어떻게 알고 계신지를 정확히 알 수 있다.

우리 하나님은 사람을 좋아하시는 분이다.

• • •

솔직히 말해, 나는 그분이 어떻게 그렇게 하시는지 잘 모른다. 하나님은 어떻게 "천대까지" 사랑을 유지하실까출34:7? 이는 우리가 알 수 없는 신비이자, 답할 수 없는 질문이며, 깊은 신앙을 발휘할 기회다. 하나님은 그 일을 하신다. 왜냐하면 하나님이시기 때문이다.

우리는 사랑하기가 훨씬 더 어렵다. 그러나 그렇다고 해서 시도하지 말아야 하는 건 아니다.

> 우리 하나님은 사람을 좋아하시는 분이다.

새 계명을 너희에게 주노니 서로 사랑하라 내가 너희를 사랑한 것 같이 너희도 서로 사랑하라
_요한복음 13:34

우리는 모두 다르다. 우리가 가진 다름 중 어떤 것은 흥미롭고 경이로우며 멋지다. 어떤 것은 불안하고 걱정스럽다. 어떤 것은 불쾌하고 두렵다.

현대 문화의 모든 것은 우리의 다름을 상기시키고, 차이를 심화시키도록 설계된 것처럼 보인다. 그런 추세는 저항하기 힘들고, 때론 그게 옳게 느껴지기도 한다. 우리는 다른 사람들을 판단해야 할까? 성경은 판단하지 말라고 말한다! ("비판을 받지 아니하려거든 비판하지 말라."마7:11). 그리고 성경은 판단하라고도 말한다! ("신령한 자는 모든 것을 판단하나"고전2:15).

아, 이것조차 우리 사이의 다름으로 이어진다.

이런 문제들로 난감할 때, 나는 두 손을 든다. 체념하는 게 아니라, 간구한다. 나는 도움이 필요하다. 분별력이 필요하다. 하지

만 내게 가장 필요한 것은 사랑이다. 이 부분은 모호하지 않다. 신학적인 논쟁의 여지가 없다. 우리가 동료 인간들에게 접근하는 방식은 사랑이어야 한다. 우리의 다름이 무엇이든 간에 말이다.

> 하나님이 당신에게처럼, 다른 사람들에게도
> 창의적이고 독창적으로 일하시게 하십시오.[1]
>
> _오스왈드 챔버스Oswald Chambers,
> 『주님은 나의 최고봉』My Utmost for His Highest

우리가 "사랑 가운데서 뿌리가 박"힐 때엡3:17, 더 강해지고 서로의 다름을 은혜로 받아들일 수 있다. 하나님의 판단(공정함과 자비)에 대한 신뢰와 그분의 성품에 대한 확신이 있을 때, 위협, 불신, 또는 반감을 넘어, 서로를 사랑으로 바라볼 수 있다.

우리는 여전히 다를 것이며, 때로는 치열하게, 그리고 당연히 다르게 살아갈 것이다. 우리는 인간이다. 하지만 우리의 신앙은 두려움과 걱정, 분노를 하나님께 맡기라고 말한다. 그리하여 남는 것은 사랑이다. 하나님이 우리의 다름의 무게를 짊어지셔서 우릴 가볍게 하신다.

너희 빛이 사람 앞에 비치게 하여

_마태복음 5:16

. . .

빵과 잔을 나누기 전에, 마이클 목사님은 이 의식이 감사의 의미가 있음을 잠시 상기시키신다. "이 의식에 참여함으로 여러분의 열린 마음을 나타내십시오" 하고 말씀하신다. 그런 다음, 우리는 고대 전례문을 읽으며 함께 신앙을 공표한다.

믿음의 신비는 위대합니다.
그리스도께서 돌아가셨습니다.
그리스도께서 부활하셨습니다.
그리스도께서 다시 오실 것입니다.
이는 하나님의 거룩한 백성들을 위한
하나님의 거룩한 선물입니다.

거룩한 선물이다. 이 선물은 빵과 포도주를 넘어 확장된다. 이 선물은 단지 성찬식이 아니라, 공동체다.

우리는 이 성찬에 참여함으로 우리가 혼자가 아님을 기억한다. 우리는 각자 독립적이고 고립된 사람들이 느슨하게 연결된 집합

체가 아니라, 하나가 되어야 한다. 우리는 셀 수 없이 많은 면에서
너무나 다르지만, 하나님 안에 있는 사랑으로 연합된 사람들이다.

너희가 이를 행하여 나를 기념하라

_누가복음 22:19

God's promise of rescue,
his great redemption
pact with humanity,
is personal, specific,
addressed to each individual.

하나님의 구원 약속,
인류를 구원하시는 그 위대한 약속은
개인적이고 구체적으로
각 사람을 향해 전해진다.

Blank Place, Quiet, Nothingness.

This is
where God has the greatest opportunity to do his thing.

31장

마지막 말

한 번은 장거리 비행기에서 〈Oprah's Master Class〉오프라의 마스터 클래스*를 보았다. 각 분야의 뛰어난, 영감을 주는 인물들이 성공하기까지의 여정을 이야기하는 여러 편의 시리즈 방송이다. 마야 안젤루Maya Angelou**, 타일러 페리Tyler Perry***, 존 루이스John Lewis**** 같은 사람들이 살아온 이야기는 늘 감동과 영감을 준다. 다른 사람들의 인생은 훌륭한 교사가 될 수 있다.

오프라는 미시시피주에서 가난과 학대를 경험하며 자란 어린

---

* 미국 유명 방송인, 오프라 윈프리(Oprah Winfrey) 씨가 진행하는 TV쇼
** 미국 시인, 소설가
*** 미국 배우, 영화감독
**** 미국 정치인, 민권 운동가

시절부터 전 세계적으로 영향 미치는 시대의 상징이 되기까지, 모든 역경을 딛고 걸어온 여정을 이야기했다. 나는 방송 팁을 얻으려고 시청한 건 아니었지만, 훗날 오프라 윈프리 씨와 커피를 마시며 대가의 발밑에서 배울 수 있다면 정말 기쁠 것 같다. (오프라 씨, 연락해 주세요!)

오프라 윈프리 씨가 전하는 교훈들은 전략적이기보다 영혼을 울렸고, 깊고 탐구적인 질문들을 던졌다. 고전적인 오프라 스타일이다. 하지만 이번에는 그녀가 스스로 질문을 제기했다. 모든 고난, 모든 성공, 그리고 그 과정에서 수많은 역경을 겪은 후, 그녀는 스스로 물었다. '나의 목적은 무엇인가?'

이것은 마음을 꿰뚫는, 잠재적인 질문이다!

이 질문은 '내 직업은 무엇인가?'가 아니다. '나의 목표는 무엇인가?'도 아니다. '나의 정체성(엄마, 아내, 딸, 친구, 등)은 무엇인가?'도 아니다. 그리고 그 답은 '가난한 사람들을 위해 집을 짓는 것이다. 가족을 부양하는 것이다. 훌륭한 사람을 키우는 것이다' 이런 식으로 구체적이거나 한정적이지 않다. 아무리 가치 있고 이타적이더라도, 그런 것은 우리의 목적이 아니다. 이 질문은 더 넓고, 깊고 포괄적이다. '나는 누구인가? 하나님이 나에게 독특하게 주신 자질은 무엇인가? 내가 이 세상을 사는 동안, 그 재능을 가장 잘 활용하는 방법은 무엇인가?'

오프라는 (물론) 훌륭하게 답했다. 그녀의 목적, 궁극적인 존재 이유는 "달콤한 영감을 주는 사람이 되는 것"[1]이었다. 오프라는 어릴 때 처음 교회에서 발표할 때부터, 내면 깊이 인식한, 자신의 마음을 사로잡고 움직이는 소명을 진지하게 알고 있었다.

'나는 누구인가? 하나님이 나에게 독특하게 주신 자질은 무엇인가? 내가 이 세상을 사는 동안, 그 재능을 가장 잘 활용하는 방법은 무엇인가?'

내가 이 말을 듣고 처음 들었던 생각은, '와, 좋은 목적이야. 그게 내 목적도 될 수 있을까?' 하는 거였다. 하지만 다른 사람 인생의 목적을 훔칠 수는 없다. 특히 오프라 씨의 목적을 훔쳐선 안 된다.

• • •

나는 내 목적이 아닌 게 무엇인지 알고 있다. 텔레비전에 나오는 것이나 유명해지는 것이 아니다. 중요한 이야기를 전하는 것도 아니다(직업상 그 목적을 이루려고 열망하고 있지만).

어릴 때부터 나는 생각을 전달하는 사람이자, 설명하는 사람이라는 걸 알고 있었다. 항상 어떤 공간 앞에서, 칠판이나 뭔가를 가리키며 설명하는 모습을 꿈꾸었다. 처음엔 내가 선생님이 되어야 한다고 생각했다. 대학 시절 중반에 방송 저널리즘을 접해보니 어릴 적 꿈과 잘 맞아떨어졌다. 나는 사람들에게 뉴스 전하기를 좋아했고, 정치, 법적 문제 등 복잡한 주제에 끌렸다. 복잡한 내용을 잘 파악하여 쉬운 말로 정리하는 도전을 즐겼다. 게다가 그냥… 말하는 걸 좋아했다. 나중에 로스쿨에 갔는데, 그것도 맥락이 같았다. 나는 법정에 서서 열정적으로 주장을 펼치고 변호인이 필요한 사람들의 목소리를 대변하는 모습을 상상했다.

나는 말하는 걸 좋아한다. 글쓰기도 좋아한다. 말할 때 입술의 느낌이나 타자할 때 손끝의 느낌을 사랑한다(그래서 평생 더 많은 어휘를 마음껏 사용할 수 있게 다른 언어를 배우고 싶었다!). 글쓰기, 말하기, 설득하기, 가르치기. 이것이 진정한 나의 지향점이다.

그러나 가끔(아니, 셀 수 없이 많이) 내 혀는 날카로웠다. 빠르고, 거칠고, 잔혹했다. 다른 사람을 희생시켜 가며 재치 있고 재밌게 말했고, 결국은 나도 당했다. "여호와여 내 입에 파수꾼을 세우시고 내 입술의 문을 지키소서"시141:3라고 성경이 말하는데, 나보다 더 이 기도가 필요한 사람은 없을 것이다. 건방진 십 대 시절, 말 많고 고집 센 내 입 때문에 아버지가 열을 받곤 하셨다. 아버지는 심지어 나를 "마지막 말"이라고 부르셨다. 논쟁이나 갈등 상황에서 끝없이 말했기 때문이다. 나는 그저… 말을 멈출 수가… 없었다. 나에게 좋은 때도, 스스로 더 깊이 파고들 때도, 이치에 안 맞는 말을 할 때조차 나는 그 '마지막 말'을 해야 했다.

우리의 목적은 어떤 것을 잘하는 것을 넘어선다. 왜냐하면 우리의 재능도 사랑이 부족한 방식으로 사용할 수 있기 때문이다. 우리가 의미 있는 어떤 일을 할 때, 우리 자신보다 다른 것 또는 다른 사람을 섬기기 위해, 나만 할 수 있는 적절한 일을 할 때, 나 자신 및 하나님과 조화를 이룬다.

$$\frac{\text{하나님이 주신 재능 +}}{\text{더 위대한 일을 위한 섬김 =}}$$

목적

하나님은 나에게 '말 많은 입' 이상을 주셨다. 그분은 나에게 목소리를 주셨다. 그분은 내가 한 번도 상상하지 못한, 내게 너무 과분한, 내가 감히 꿈꾸거나 바랄 수 없었던 놀라운 날실과 씨실로 내 삶을 엮어 오셨다. 나는 사명자가 아니다. 나는 매일 부족하다. 그러나 하나님의 자비는 매일 아침 새롭다.

여러분의 영혼과 삶이 조화를 이루길 바랍니다.[2]

_존 오도노휴John O'Donohue,
『우리 사이의 공간을 축복하며』To Bless the Space Between Us

지금도 나는 내 목적이 무엇인지 확실히 알지 못한다. 아마 그건 인생의 계절에 따라 변할 것이다. 이 순간, 이 글을 쓰면서 드는 생각이 있다. 겸손과 두려움으로(솔직히 여러분이 뭘 생각할지 두렵다!), 여러분에게 내 생각을 나눠보겠다.

이것은 한 단어로 요약된다. 이건 사실 굉장히 단순하지만 쉽지 않다. 흥미롭게도, 내가 매일 '워들Wordle[3*]'에서 첫 추측으로 입력하는 단어다.

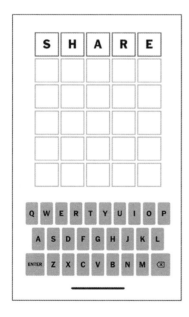

'공유하기'SHARE.

워들을 시작하기 좋은 단어이자, 인생을 위해 곱씹어야 할 단어다. 아주 작은 한 단어인데, 역동적이고 다면적인 행동을 촉구한다.

---

* 다섯 철자의 영어단어를 입력하여 힌트를 보고 여섯 번 만에 맞춰야 하는 단어 게임

. . .

우리가 받은 것을 나누는 건 하나님에 대한 믿음과 신뢰의 행위다. 나에게 자연스럽지 않다. 나는 선천적으로 두려움, 죄책감, 걱정이 많고, 늘 재앙, 마땅한 벌인과응보, 좋은 시절이 끝날 것 같은 순간들을 불안해한다. 이런 감정은 하나님으로부터 올 수 없다. 이를 그대로 내버려둔다는 건 하나님에 대한 모욕이며 불신의 표현이다. 우리가 받은 걸 잃을까 봐 두려워하고 우리가 (감정적으로나 영적으로나) 가진 것을 혼자 비축하는 것은, 그것이 하나님께 받은 선물, 순전한 은혜였음을 잊었다는 뜻이다. 나의 주인이신 하나님께서 끝날까지 나를 붙드신다는 사실을 잊고 만 것이다.

하나님은 "우리가 구하거나 생각하는 모든 것에 더 넘치도록 능히 하실" 수 있는 분이다엡3:20. 그 말씀대로, 하나님은 자격 없는 나에게 이해할 수 없을 만큼 복을 주셨다. 하지만 나 자신에게 물어보았다. '왜일까?' 때때로 나는 편안한 삶에 불편함을 느꼈다. 물론 나는 다른 이들처럼 어려움을 겪었다. 하지만 그 어려움보다, 내가 받은 복이 훨씬 크다. 이해할 수 없다. 나는 그런 복을 받을 만한 사람이 아니다. 내가 노력해서 얻은 게 아니다. 인생에서 경험한 모든 좋은 것을 주신 분이 하나님이시라고 고백하는 건 거짓된 겸손이나 겸양의 말이 아니다. '왜 나일까?' 이유는 없다. 내가 유일하게 알고 이해하는 바는, 하나님이 이 복을 주신 것은 나 혼자, 어려울 때를 대비해 비축해 두기 위함이 아니라, 나누기 위함이라는 것이다. 내가 받은 것을 나누고, 내가 들은 것을 말하기 위함이다.

> 하나님이 여러분을 부르시는 곳은 여러분의 깊은 기쁨과 세상의 깊은 굶주림이 만나는 곳입니다.[4]
>
> _프레드릭 비크너Frederick Buechner,
> 『통쾌한 희망사전』Wishful Thinking: A Seeker's ABC

나는 이 순간, 내 목소리, 내 마음을 나누기 위해 여기 있다. 이 진리, 이 단 하나의 진리를 나누기 위해. 내가 말하는 만큼 내가 들어야 하는 진리, 내가 나눠야 하는 만큼 내가 믿어야 하는 진리를 나눈다.

하나님이 주로 하시는 일은 여러분을 사랑하시는 것이다.

우리가 이것을 믿을 수 있다면, 정말 믿는다면, 우리가 얼마나 달라지겠는가? 우리 삶은 얼마나 달라지겠는가? 우리 세상은 얼마나 달라지겠는가?

우리 교회에서 케이트 군고르Kate Gungor 목사님이 설교하시며,

우리가 하나님을 만날 때 놀라고 감탄하는 경탄과 경외가 하나님을 이해하는 데 얼마나 중요한지 말씀하셨다. 그 느낌은 종종 우리가 자연 세계를 목도하고 즐길 때, 우리 눈이 아름다운 별과 바다, 꽃과 산, 은하계와 정점, 바람과 아기 발가락을 볼 때, 압도되는 감정이다. 케이트 목사님은 아브라함 조슈아 헤셀Abraham Joshua Heschel*의 글을 인용해 읽으셨다.

"경외는 모든 것의 존엄성을 직관하는 능력이며, 사물들이 단지 있는 그대로가 아니라 어떻게든 최고의 것을 나타낸다는 깨달음이다. 경외는 초월성을 느끼며, 모든 곳에서 모든 것 너머의 신비를 발견하는 것이다."[5]

그리고 목사님이 말씀하셨다. "믿음의 역설은, 하나님을 경외하도록 우리를 창조하신 하나님의 사랑이 우리에 대해 감탄하신다는 점입니다… 하나님은 우리로 인해 감동하십니다."[6]

한 번 더 말한다.

하나님이 주로 하시는 일은 우리를 사랑하시는 것이다.

사랑이 '마지막 말'을 하게 하라.

---

* 유대 신학자

Blank Place. Quiet. Nothingness.

This is
where God has the greatest opportunity to do his thing.

감사의 말

나는 젊은이들과 자주 공유하는 이 구절을 진심으로 믿는다. "인생에 흥미로운 모든 일은 자신의 안전지대 밖에서 일어난다." 이 책을 쓰면서, 나는 그 조언을 따를 수밖에 없었다.

출간 에이전트인 카이트 호이트Cait Hoyt 씨가 수년간 부드럽지만 끈질기게 재촉하지 않았다면, 그리고 편집자로서 은퇴했다가 나를 위해 기꺼이 돌아와 준 데이먼 리스Damon Reiss 씨의 지혜와 영감과 늘 기발한 응원이 없었다면, 위험을 무릅쓰며 믿음으로 이 힘든 일을 시작할 용기가 나지 않았을 것이다.

스테파니 뉴턴Stephanie Newton, 레이첼 불러Rachel Buller, 멕 슈미트 Meg Schmidt 씨와, 더블유 출판 및 하퍼콜린스 기독 출판사W Publishing and HaperCollins Christian Publishing 전체 팀에 감사와 존경을 표한다.

전문 지식을 가지고 기꺼이 이 원고를 검토해 준 진정한 신학자, 조엘 무다멜Joel Muddamalle 씨께도 감사드린다.

여러분이 어렵고 두려운 일에 도전하고 있을 때, 호다 콥Hoda Kotb 씨처럼 양손에 응원 수술을 들고 활기차게 열정적으로 결승선까지 응원해 주는 누군가가 있기를 바란다.

신앙에 대한 글이란, 정말 해 아래 새것이 없다전1:9. 이 책에 쓴 모든 생각과 관찰은 찰리와 낸시 거스리Charley and Nancy Guthrie, 테리 스타우퍼Teri Stauffer, 로저 배리어Roger Barrier, 앤 번슨Anne Burnson, 톰 콥스Tom Copps, 유진 피터슨Eugene Peterson, 베스 무어Beth Moore, 팀 켈러Tim Keller, 마크 배터슨Mark Batterson, 마이클 루드제나Michael Rudzena, 데이비드와 케이트 군고르David and Kate Gungor, 에드 군고르 주교님Bishop Ed Gungor, 그레그 아돌프Father Greg Adolf, 샤우나 나이키스트Shauna Niequist 등, 내가 가까이 혹은 멀리서 사랑하고 존경하고 영향받은 여러 영적 스승과 본보기의 혼합물이다.

남편, 마이클 펠드먼Michael Feldman은 가장 지혜로운 비밀 상담가이자 훌륭한 격려자다. 우리 남편이 없었다면 결코 이 프로젝트는 없었을 것이다. 아이들은 내가 존재하는 이유이자 글을 쓰는 이유다. 아이들이 언젠가 이 책을 읽길 바란다. 그들을 너무나 사랑하시는 하나님에 대해 알았으면 하는 거의 모든 것을 여기에 담았다.

마지막으로 내가 자라난 정서와 신앙이 깊은 가정과 처음으로 나를 사랑하고 나를 형성한 가족들, 어머니, 아버지, 언니, 그리고 오빠에게 감사하다. 그리고 당연히, 우리 가족의 '여섯 번째 식구', 내 안에서 착한 일을 시작하시고 그 일을 끝날까지 이루실 하나님께 무한한 영광을 올려드린다빌1:6.

주(註)

머리말

1. Richard P. Feynman, Six Easy Pieces: Essentials of Physics Explained by Its Most Brilliant Teacher, 4th ed. (New York: Hachette: Basic Books, 2011). 『파인만의 여섯가지 물리 이야기』(승산).

3장 보너스 명령

1. SNL, "Stuart Smalley—Daily Affirmations," streamed September 16, 2023, PuckMonkey, February 22, 2011, YouTube video, 0:47, https://www.youtube.com/watch?v=6ldAQ6Rh5ZI.
2. Dan Burke, "Lectio Divina, A Guide: What It Is & How It Helps Prayer Life," SpiritualDirection.com, April 21, 2012, https://spiritualdirection.com/2012/04/21/what-is-lectio-divina-and-will-it-help-my-prayer-life-a-guide-to-lectio-divina.

4장 엄마처럼

1. Elizabeth Stone, "Making the Decision to Have a Child Is Momentous," Human Coalition, accessed September 16, 2023, https://www.humancoalition.org/graphics/making-decision-child-momentous/.

5장 당신이 이 안에 잠겨 있습니다

1. John Piper, "Who Is the Disciple Jesus Loved?," Desiring God, episode 1642, June 21, 2021, https://www.desiringgod.org/interviews/who-is-the-disciple-jesus-loved.
2. Oswald Chambers, "Inner Invincibility," My Utmost for His Highest, accessed September 16, 2023. https://utmost.org/inner-invincibility/.

7장 하나님의 전화번호

1. Susan Braudy, "He's Woody Allen's Not-So-Silent Partner," New York Times, Section 2: Arts and Leisure, August 21, 1977, p. 11.

8장 하나님은 우리의 언어로 말씀하신다

1. Drew Weisholtz, "Kristin Chenoweth Reflects on Finding 'God's Grace' After Near-Death Accident on TV Set," Today, April 7, 2023, www.today.com/popculture/kristin-chenoweth-reflects-on-faith-rcna78645.
2. Susan Filan to Savannah Guthrie, March 17, 2017.

10장 기도할 수 없을 때 기도하기

1. Beth Moore, All My Knotted-Up Life: A Memoir (Carol Stream, IL: Tyndale House, 2023), 14.
2. Shauna Niequist, I Guess I Haven't Learned That Yet (Grand Rapids, MI: Zondervan, 2022).
3. Niequist, I Guess I Haven't Learned That Yet, 110.

11장 시편 23편

1. Henry van Dyke, "Joyful, Joyful, We Adore Thee," Hymnary.org, 1907, accessed September 16, 2023, https://hymnary.org/text/joyful_joyful_we_adore_thee.
2. Eugene Peterson, Living the Message: Daily Help for Living the God-Centered Life (San Francisco: HarperOne, 1996), 157-58.

12장 동네에서의 아름다운 하루

1. Micah Fitzerman-Blue and Noah Harpster, A Beautiful Day in the Neighborhood, Script Savant, accessed September 16, 2023, https://thescriptsavant.com/movies/A_Beautiful_Day_In_The_Neighborhood.pdf.

13장 찬송의 옷

1. "Larry King Show—Joni Eareckson Tada Story," brunetachka, June 6, 2009, https://

www.youtube.com/watch?v=Foffh-gneRs.

2. "Larry King Show—Joni Eareckson Tada Story."

14장 눈을 들어 보라

1. Rick Warren, The Purpose Driven Life (Grand Rapids, MI: Zondervan, 2002), 314. 『목적이 이끄는 삶』(디모데)

2. Helen Lemmel, "Turn Your Eyes upon Jesus," Hymnary.org, 1922, accessed October 25, 2023, https://hymnary.org/text/o_soul_are_you_weary_and_troubled.

16장 믿음은 아름답다 (또는 신앙의 도식)

1. Bruce Wilkinson, The Prayer of Jabez: Breaking Through to the Blessed Life (Sisters, OR: Multnomah, 2000), 23. 『야베스의 기도』(디모데)

17장 강 아래로

1. The Merchant of Venice, ed. David Bevington et al. (New York: Bantam Books, 2005), 4.1.182-184.

18장 그 사랑 변찮고

1. Thomas O. Chisholm, "Great Is Thy Faithfulness," Hymnary.org, 1923, accessed September 16, 2023, https://hymnary.org/text/great_is_thy_faithfulness_o_god_my_fathe.

2. Chisholm, "Great Is Thy Faithfulness."

20장 그분은 기대셨다

1. Sarah Bessey, "Why I Gave Up Drinking," Relevant, August 1, 2022, https://relevantmagazine.com/life5/why-i-gave-up-alcohol/.

2. Bessey, "Why I Gave Up Drinking."

3. Bessey, "Why I Gave Up Drinking."

21장 자비를 베풀어 주소서

1. The Mission, directed by Roland Joffé (1986; Los Angeles: Columbia Pictures, 1986), DVD.
2. The Mission.
3. N. T. Wright, Evil and the Justice of God (Westmont, IL: InterVarsity Press, 2013), 164-65. 『악의 문제와 하나님의 정의』(IVP)

22장 예수님이 대답하셨다

1. "Reason is on our side, love," from "Miracle Drug," track 2 on U2, How to Dismantle an Atomic Bomb, Island Records, 2004, https://www.u2.com/lyrics/85.

23장 밤사이의 보고서

1. N. T. Wright, Evil and the Justice of God, 164-65.

25장 욥은 어땠을까?

1. Scott Pelley, "Return to Newtown, 4 Years Later," 60 Minutes, August 6, 2017, https://www.cbsnews.com/news/return-to-newton-ct-sandy-hook-school-shooting-4-years-later-2/.
2. Peter Wehner, "My Friend, Tim Keller," Atlantic, May 21, 2023, https://www.theatlantic.com/ideas/archive/2023/05/tim-keller/674128/.

26장 나를 집으로 보내 주십시오

1. Peter Wehner, "My Friend, Tim Keller," Atlantic, May 21, 2023, https://www.theatlantic.com/ideas/archive/2023/05/tim-keller/674128/.
2. Matt Smethurst, "50 Quotes from Tim Keller (1950-2023)," Gospel Coalition, May 19, 2023, https://www.thegospelcoalition.org/article/50-quotes-tim-keller/.
3. Michael Gryboski, "Tim Keller's Son Says His Dad Is Being Moved to Hospice at Home, Says He's 'Ready to See Jesus,'" Christian Post, May 18, 2023, https://www.christianpost.com/news/tim-kellers-son-says-his-dad-is-being-moved-to-hospice-at-home.html.
4. Gryboski, "Tim Keller's Son Says His Dad Is Being Moved to Hospice at Home."

27장 복음의 향기

1. "You Give Love a Bad Name," track 2 on Bon Jovi, Slippery When Wet, Universal: Mercury, 1986.
2. Glenn Stanton, "FactChecker: Misquoting Francis of Assisi," Gospel Coalition, July 10, 2012, https://www.thegospelcoalition.org/article/factchecker-misquoting-francis-of-assisi/.

30장 성찬식

1. Oswald Chambers, "Getting There," My Utmost for His Highest, accessed September 16, 2023, https://utmost.org/getting-there-3/.

31장 마지막 말

1. Oprah Winfrey, Oprah's Master Class, OWN TV, (c) Harpo, Inc., https://www.oprah.com/app/master-class.html.
2. John O'Donohue, To Bless the Space Between Us: A Book of Blessings(New York: Doubleday, 2008), 44.
3. Wordle, New York Times, https://www.nytimes.com/games/wordle/.
4. Frederick Buechner, Wishful Thinking: A Seeker's ABC (San Francisco: HarperOne, 1993), 118-19. 『통쾌한 희망사전』(복있는사람)
5. Abraham Joshua Heschel, I Asked for Wonder: A Spiritual Anthology, ed. Samuel H. Dresner (Chestnut Ridge, NY: Crossroad Publishing, 1983), 3.
6. Kate Gungor, "Good Shepherd New York - 6.11.23," Good Shepherd Church, June 11, 2023, YouTube video, 39:53, https://www.youtube.com/watch?v=a66Ugx2U-XQ.